Jochem Langkau · Peter Thelen · Joachim Vesper
Regionale Arbeitsmarktbilanzen
zur Neuabgrenzung der Fördergebiete
in der Bundesrepublik Deutschland

D1663480

Schriftenreihe des Forschungsinstituts
der Friedrich-Ebert-Stiftung

Band 118

Jochem Langkau · Peter Thelen · Joachim Vesper

Regionale Arbeitsmarktbilanzen zur Neuabgrenzung der Fördergebiete in der Bundesrepublik Deutschland

Verlag Neue Gesellschaft GmbH
Bonn-Bad Godesberg

ISBN 3-87831-201-6

Forschungsinstitut der Friedrich-Ebert-Stiftung
53 Bonn-Bad Godesberg, Kölner Straße 149

V o r w o r t

Die vorliegende Arbeit stellt das Ergebnis mehrjähriger Untersuchungen des Forschungsinstituts der Friedrich-Ebert-Stiftung
im Rahmen eines umfangreichen Forschungsprogramms dar, das vom
Planungsausschuß der Gemeinschaftsaufgabe "Verbesserung der
regionalen Wirtschaftsstruktur" vergeben wurde, um Vorschläge
für eine Neuabgrenzung der Fördergebiete in der Bundesrepublik
Deutschland zu erhalten.

Die Verfasser haben dem Statistischen Bundesamt und den Statistischen Landesämtern zu danken, die ihnen das für die Analysen
und Prognosen erforderliche statistische Datenmaterial zur Verfügung stellten. Unser besonderer Dank gilt der Gesellschaft
für Mathematik und Datenverarbeitung in Birlinghoven, insbesondere Herrn Dipl.-Math. Hartmut Fergen, der uns bei der EDV-
Auswertung beraten hat.

Den Mitgliedern des Unterausschusses der Gemeinschaftsaufgabe
"Verbesserung der regionalen Wirtschaftsstruktur" sind wir für
die vielfältigen Anregungen und die konstruktive Kritik bei
der laufenden Diskussion der Forschungsmethoden und -ergebnisse
sehr verbunden.

Für die Reinschrift des Manuskriptes war Frau Barbara Becker,
für den Druck Herr Paul Olschewski und Herr Walter Glogowski
verantwortlich.

Bonn-Bad Godesberg,   J. Langkau
im Januar 1975   P. Thelen

                      J. Vesper

Inhaltsverzeichnis

Einleitung

Um Grundlagen für Diskussion und Entscheidung über eine Neuabgrenzung der Fördergebiete, deren Notwendigkeit in den ersten
drei Rahmenplänen der Gemeinschaftsaufgabe "Verbesserung der
regionalen Wirtschaftsstruktur" betont worden ist, zu erhalten,
erteilten der Minister für Wirtschaft, Verkehr und Landwirtschaft des Saarlandes mit Schreiben vom 5. Juni 1972, der
Minister für Wirtschaft, Mittelstand und Verkehr des Landes
Nordrhein-Westfalen mit Schreiben vom lo. April 1973 und der
Minister für Wirtschaft und Technik des Landes Hessen mit
Schreiben vom 16. April 1974 dem Forschungsinstitut der Friedrich-Ebert-Stiftung im Auftrage des Planungsausschusses der
Gemeinschaftsaufgabe "Verbesserung der regionalen Wirtschaftsstruktur" in drei Projektstufen ergänzende Forschungsaufträge:
Es sollten auf der Basis abgegrenzter Arbeitsmarktregionen so-
wie von Prognosen des Angebots und der Nachfrage nach Arbeits-
plätzen Arbeitsmarktbilanzen für 1977 erstellt werden, um so
Maßstäbe für die Dringlichkeit der Förderung von Regionen zu
gewinnen.

Die für die Bilanzierung notwendige Schätzung des Arbeitsplatzangebots bis 1977 wurde durch das Deutsche Institut für Wirtschaftsforschung (DIW),[1] die Prognose der Nachfrage nach Arbeitsplätzen bis 1977 durch das Forschungsinstitut der Friedrich-Ebert-Stiftung[2] und die Abgrenzung geeigneter Arbeits-

---

1) H. Birg: Die Entwicklung des Angebots von Arbeitsplätzen in
   den Regionen der Bundesrepublik Deutschland bis zum Jahre
   1977, Berlin 1972; derselbe: Arbeitsplatzentwicklung und
   Lohnniveau in Arbeitsmarktregionen der Bundesrepublik Deutschland, Berlin 1973; derselbe: Die Entwicklung des Angebots an
   Arbeitsplätzen in modifizierten Arbeitsmarktregionen der
   Bundesrepublik Deutschland, Berlin 1974. Sämtlich unveröffentlichte Gutachten

2) P. Thelen: Die Ermittlung von Fördergebieten auf der Grundlage von Prognosen regionaler Arbeitsmarktbilanzen für das
   Jahr 1977, Bonn-Bad Godesberg 1972 und 1973; J. Langkau und
   J. Vesper: Die Ermittlung von Fördergebieten auf der Grundlage von Prognosen regionaler Arbeitsmarktbilanzen für das
   Jahr 1977, Schlußbericht, Bonn-Bad Godesberg 1974. Sämtlich
   unveröffentlichte Gutachten

marktregionen durch das Seminar für Wirtschafts- und Finanzpolitik der Ruhr-Universität Bochum unter Leitung von P. Klemmer[1] durchgeführt. Es ist zu erwarten, daß das DIW und Klemmer ihre Forschungsarbeiten ebenfalls veröffentlichen werden. Deshalb wird hier auf eine zusammenfassende Wiedergabe ihrer Untersuchungsziele und -methoden verzichtet.

Da zu Beginn des Gesamtforschungsprojektes noch nicht auf nach Arbeitsmarktgesichtspunkten abgegrenzte Basisregionen zurückgegriffen werden konnte, wurden in einer ersten Projektstufe die Methoden für die Prognose des Arbeitsplatzangebots und der Arbeitsplatznachfrage auf der Grundlage der 78 Statistischen Raumeinheiten, die zu Zwecken der Bundesverkehrswegeplanung abgegrenzt wurden,[2] erprobt. Dieses Vorgehen war vertretbar, weil die 78 Regionen zumindest in ihren Größenordnungen den Vorstellungen über die räumliche Ausdehnung von Arbeitsmärkten näher kommen, als die Länder oder Landkreise und kreisfreien Städte. Die Bilanzierung von Angebot und Nachfrage auf dieser regionalen Grundlage führte bereits zu plausiblen Ergebnissen.

In einer zweiten Studie wurden dann die Arbeitsmarktbilanzprognosen zunächst auf die von Klemmer und Mitarbeitern nach dem Kriterium der Pendelverflechtungen abgegrenzten 137 kreisscharfen Arbeitsmarktregionen (Klemmer-I-Prognoseräume) und dann auf die 154 gemeindescharf abgegrenzten, aber als Aggregate von kreisfreien Städten und Landkreisen dargestellten Arbeitsmarktregionen (Klemmer-II-Prognoseräume) umgestellt. In

---

1) P. Klemmer: Abgrenzung regionaler Arbeitsmärkte in der Bundesrepublik Deutschland für die Zwecke der Gemeinschaftsaufgabe "Verbesserung der regionalen Wirtschaftsstruktur",Bochum 1972; P. Klemmer, B. Knop und D. Kraemer: Abgrenzung regionaler Arbeitsmärkte in der Bundesrepublik Deutschland für die Zwecke der Gemeinschaftsaufgabe "Verbesserung der regionalen Wirtschaftsstruktur", Bochum 1973; H.F. Eckey, P. Klemmer, D. Kraemer unter Mitarbeit von N. Schwarz: Abgrenzung interner Verflechtungsbereiche in großen regionalen Arbeitsmärkten, Bochum 1974. Sämtlich unveröffentlichte Gutachten

2) Siehe dazu Institut für Raumordnung: Raumordnung als Grundlage der Bundesfernstraßenplanung, Mitteilungen aus dem Institut für Raumordnung, H. 67, Bad Godesberg 1970

der dritten Projektstufe schließlich überprüften Klemmer und
Mitarbeiter noch einmal die Arbeitsmarktregionen vor allem mit
dem Ziel, räumlich zu große Regionen in Teilarbeitsmärkte zu
untergliedern. Das Ergebnis waren 164 Klemmer-III-Prognoseräume pur. Gleichzeitig verbesserten das Deutsche Institut
für Wirtschaftsforschung (DIW) im Hinblick auf eine tiefere
Branchendisaggregation bei der Angebotsschätzung und das Forschungsinstitut der Friedrich-Ebert-Stiftung im Hinblick auf
eine angemessene Berücksichtigung regionaler Unterschiede in
der Frauenerwerbstätigkeit sowie auf eine Überprüfung zusätz-
licher Zielannahmen (räumliche Verteilung ausländischer Arbeitnehmer, Entballung) ihre Prognosemethoden.

Die Forschungsergebnisse wurden dem Unterausschuß für regionale Wirtschaftsstruktur im Mai 1974 zur Diskussion vorgelegt
und von diesem akzeptiert. Soweit es das Ergebnis der Regions-
abgrenzung angeht, einigten sich die Vertreter des Bundes und
der Länder im Wege des Kompromisses darauf, in begrenztem Umfang regionalpolitische Wünsche einiger Bundesländer zuzu-
lassen, die ein Abgehen von dem von Klemmer und Mitarbeitern
angewandten Konzept der Abgrenzung funktionaler Räume hin zu
Abgrenzungen unter mehr homogenen Gesichtspunkten bedeuteten.
Die Zahl der Prognoseräume erhöhte sich dadurch auf 178
(Klemmer-III-Prognoseräume mod.).

Die auf der Basis dieser letzten Abgrenzung erstellten Arbeitsmarktbilanzen lagen dem Planungsausschuß der Gemeinschaftsaufgabe "Verbesserung der regionalen Wirtschaftsstruktur", dem
unter dem Vorsitz des Bundesministers für Wirtschaft der Bun-
desfinanzminister und die Wirtschaftsminister und -senatoren
der Länder angehören, auf seiner Sitzung am 21. August 1974
als Entscheidungsgrundlage zur Beschlußfassung über die Neuabgrenzung der Fördergebiete vor. Neben dem Arbeitsmarktbilanzkriterium, bei dem das bis 1977 prognostizierte Angebot an
Arbeitsplätzen in einer Region der potentiellen Nachfrage nach
Arbeitsplätzen gegenübergestellt wird und der sich dabei er-

gebende Saldo auf die gesamte potentielle Arbeitsplatznachfrage bezogen wird (Arbeitskräftereservekoeffizient), wurde auch der regionale Einkommensrückstand[1] (Berücksichtigung des jeweils schlechtesten Wertes der Lohn- und Gehaltssumme je Arbeitnehmer 1969, des Bruttoinlandsprodukts je Kopf der Wirtschaftsbevölkerung 1970 und des Bruttoinlandsprodukts je Beschäftigten 1970) sowie der Rückstand in der physischen Ausstattung der Regionen mit Infrastruktur[2] bei der Entscheidungsfindung berücksichtigt. Es wurde eine Gesamtmeßziffer gebildet, in der die drei Kriterien eine Gewichtung von 1 (Arbeitsmarktbilanzkriterium) : 1 (Einkommen) : 0,5 (Infrastruktur) erhielten.

Die vorliegende Arbeit wendet sich zunächst der Frage nach der Aussagefähigkeit des Arbeitsmarktbilanzkriteriums für die regionalpolitischen Ziele zu und gibt die Definition dessen, was unter der potentiellen regionalen Arbeitsplatznachfrage verstanden werden soll. Danach werden die Methoden und Ergebnisse der Bilanzierung in den Klemmer-III-Prognoseräumen (pur und mod.) wiedergegeben.

---

1) R. Thoss, M. Strumann und H. Bölting: Ein Vergleich des regionalen Bruttoinlandsprodukts je Kopf der Wirtschaftsbevölkerung, des Bruttoinlandsprodukts je Beschäftigten und der Lohn- und Gehaltssumme je Arbeitnehmer im Hinblick auf ihre Eignung als Zielindikator der regionalen Wirtschaftspolitik, unveröffentlichtes Gutachten, Münster 1974

2) D. Biehl, E. Hußmann, K. Rautenberg, S. Schnyder und V. Südmeyer: Infrastruktur, räumliche Verdichtung und sektorale Wirtschaftsstruktur als Bestimmungsgründe des regionalen Entwicklungspotentials in den Arbeitsmarktregionen (AMR) der Bundesrepublik Deutschland, unveröffentlichtes Gutachten, Kiel 1974

I. Der Informationsgehalt regionaler Arbeitsmarktbilanzprognosen im Hinblick auf die regionalpolitischen Ziele

In der Wissenschaft wie auch bei den politischen Entscheidungsträgern besteht weitgehende Übereinstimmung hinsichtlich der grundsätzlichen Bedeutung der wirtschaftlichen Oberziele Stabilität, Wachstum und Gerechtigkeit für die regionale Wirtschaftspolitik und in der Beschreibung ihrer regionalpolitischen Implikationen.[1] In der Frage jedoch, wie diese Ziele operationalisiert werden sollen und welche, anhand regional tief disaggregierbarer statistischer Informationen belegbare, Indikatoren am besten den aktuellen und zukünftigen Erfüllungsgrad dieser Ziele in den Regionen angeben, besteht diese Einmütigkeit nicht in demselben Ausmaß.[2] Für die Aufgabe der Neuabgrenzung der Fördergebiete wurden die regionalen Arbeitsmarktbilanzen, die relative Position einer Region im Hinblick auf das Pro-Kopf-Einkommen sowie die relative Position einer Region im Hinblick auf die Ausstattung mit physischer Infrastruktur als Zielkriterien ins Auge gefaßt. Ihre Aussagekraft für die Erreichung der o.a. Ziele ist unterschiedlich, im folgenden soll darauf näher eingegangen werden. Insbesondere ist dabei die Eignung des Kriteriums der regionalen Arbeitsmarktbilanzen, die in der vorliegenden Arbeit bis 1977 prognostiziert wurden, zu prüfen.

---

1) Vgl. R. Thoss und M. Börgel: Zwischenbericht einer Untersuchung über die Eignung des regionalen Einkommensniveaus als Zielgröße der regionalen Wirtschaftspolitik, unveröffentlichtes Gutachten, Münster 1973, S. 11

2) Vgl. die folgenden unveröffentlichten Gutachten: R. Held, D. Körschges, J.H. Müller, W. Oleg und B. Poschadadil: Überprüfung der Eignung des Arbeitsplatzes als Zielgröße regionaler Strukturpolitik einschließlich des Problems der Erfassung der Qualität des Arbeitsplatzes, Freiburg i.Br. 1974; R. Thoss und M. Börgel: Zwischenbericht ..., a.a.O.; P. Klemmer, B. Knop und D. Kraemer: Abgrenzung ..., a.a.O.

1. Arbeitsmarktbilanzen und Stabilitätszielsetzung

Das Arbeitsmarktbilanzkriterium kann als eine geeignete Informationsbasis für die Beurteilung der zukünftigen Stabilität der Arbeitsplätze sowohl in industriellen Problemgebieten als auch in wirtschaftsschwachen Gebieten angesehen werden.[1] Dabei wird hier unter Stabilität die Vermeidung von mittel- bis langfristigen Beschäftigungseinbrüchen als Folge eines für die Arbeitsplatzentwicklung ungünstigen Branchenbesatzes verstanden. Ursache für derartige Beschäftigungseinbrüche kann eine langfristig rückläufige Nachfrageentwicklung nach den Produkten dieser Branchen, aber auch Arbeitskräftefreisetzungen als Folge von Rationalisierungsinvestitionen sein. In die Schätzung des Arbeitsplatzangebots und damit auch in die Arbeitsmarktbilanz gehen die beschäftigungsmäßigen Auswirkungen der jeweiligen regionalen Branchenstrukturen ein. So weisen dann auch Gebiete mit einem hohen Anteil von Branchen, die beschäftigungsmäßig rückläufig sind (z.B. Textil und Bekleidung sowie Metallerzeugung und -bearbeitung in industriellen Problemgebieten und Landwirtschaft in wirtschaftsschwachen Gebieten), ein relativ hohes Arbeitsplatzdefizit in Relation zur potentiellen Nachfrage nach Arbeitsplätzen auf.[2]

Das Arbeitsmarktbilanzkriterium ist ein geeignetes Mittel, um drohende Arbeitslosigkeit bzw. Abwanderungen zu erkennen, und bietet sich insofern als Orientierungsgröße bei der Auswahl der Regionen, in denen neue Arbeitsplätze geschaffen oder bestehende Arbeitsplätze gesichert werden sollen, an. Durch die Förderung in diesen Regionen kann sich der in den Wachstums-

---

1) Vgl. R. Thoss und M. Börgel: Zwischenbericht ..., a.a.O., S. 23; R. Held u.a.: Überprüfung der Eignung des Arbeitsplatzes ..., a.a.O., S. 37 f; P. Klemmer, B. Knop und D. Kraemer: Abgrenzung ..., a.a.O., S. 13

2) Hier muß allerdings darauf verwiesen werden, daß auch eine niedrige Erwerbsbeteiligung der Bevölkerung, die nicht aus einem mangelnden Arbeitsplatzangebot resultiert, Ursache für relativ hohe Arbeitsplatzdefizite sein kann (so z.B. regional unterschiedliche Einstellungen der Frauen zur Erwerbstätigkeit)

gebieten wegen hoher Arbeitsplatzüberschüsse vorhandene Sog
auf die freigesetzten Arbeitskräfte in diesen Gebieten nicht
voll entfalten. Wenn zusätzlich die Ausländerpolitik Instrumente der globalen und regionalen (d.h. für Ballungsgebiete)
Zuwanderungsbeschränkungen für ausländische Arbeitnehmer ein-
setzt, können beide Strategien die erwünschte Wirkung haben,
daß die in den Ballungsgebieten prognostizierten Überschüsse
im Arbeitsplatzangebot zum Teil dort gar nicht erst entstehen,
sondern tendenziell eine Orientierung der Investitionen in
die Problemregionen erfolgt.[1] [2]

Arbeitsmarktbilanzprognosen erhalten im Hinblick auf die Er-
haltung der Arbeitsplatzstabilität noch eine besondere Bedeutung, wenn es darum geht, in Regionen, in denen aufgrund einer
starken interregionalen Arbeitsteilung und Spezialisierung,
verbunden mit hohem Wohlstandsniveau, eine Diversifizierung
des Produktionsprogramms nicht erfolgte, durch wiederholt
durchzuführende Prognosen die Gefahren eines Beschäftigungs-
rückgangs frühzeitig zu erkennen und Gegenmaßnahmen zu er-
greifen.[3]

2. Arbeitsmarktbilanzen und Wachstumszielsetzung

Unter der regionalpolitischen Zielsetzung, die Investitionen
so in die Teilräume einer Volkswirtschaft zu lenken, daß eine
möglichst große Steigerung des gesamtwirtschaftlichen Wachstums
erreicht wird, kann das Arbeitsmarktbilanzkriterium ebenfalls
als geeignete Orientierungsgröße angesehen werden, da es der
Aufdeckung vorhandener räumlicher Arbeitskraftreserven dient.

1) Vgl. dazu weiter unten S. 38 ff
2) Eine gegenteilige Auffassung vertreten R. Thoss und M. Börgel:
   Zwischenbericht ..., a.a.O., S. 47 f
3) Vgl. auch R. Held u.a.: Überprüfung der Eignung des Arbeitsplatzes ..., a.a.O., S. 38

"Sieht man nun die Mobilisierung brachliegender Produktions-
ressourcen als einen Beitrag zur Steigerung des gesamtwirtschaftlichen Wachstums an, so können die regionalen Arbeitsmärkte unter wachstumspolitischen Überlegungen wertvolle Informationen über einen knappen Produktionsfaktor liefern. Wenn
das Erwerbspersonenpotential darüberhinaus als dominierender
Standortfaktor angesehen werden kann, erhält man gleichzeitig
Hinweise über regionale Investitionsmöglichkeiten".[1]

Dieser Zusammenhang läßt sich anhand regionaler Produktionsfunktionen ableiten. Da die Grenzproduktivität eines Faktors
von der Faktorintensität abhängig ist,[2] d.h. von der Ausstattung von Arbeit mit Realkapital und umgekehrt, bedeutet
die oben angeführte Argumentation, wonach Ressourcen in den Regionen in ihrer Nutzung zu intensivieren oder auszuweiten sind,
in denen ein Überschuß bzw. eine Reserve für einen Faktor besteht, folgendes: Es wird unterstellt, daß der zu einem Faktor
jeweils knappe Faktor eine hohe Grenzproduktivität aufweist;
die Grenzproduktivität wird für Kapital dort als hoch angenommen, wo Arbeit eine Reserve bildet, für Arbeit dort, wo die
Realkapitalausstattung günstig ist.

Schließt man aus sozialpolitischen Überlegungen heraus und aus
Überlegungen der Angleichung der Lebensverhältnisse in allen
Teilräumen Wanderungen von Arbeitskräften aus, so bleibt nur
eine Lenkung des Faktors Kapital, d.h. Investitionen sind unter
Wachstumsgesichtspunkten dort zu fördern, wo eine Arbeitsmarkt-
reserve besteht.

In einer Untersuchung zur Ermittlung von regionalen Produktionsfunktionen[3] anhand einer auf Querschnittsbasis geschätzten

1) Vgl. P. Klemmer, B. Knop und D. Kraemer: Abgrenzung ...,
   a.a.O., S. 11
2) Vgl. R. Thoss und M. Börgel: Zwischenbericht ..., a.a.O.,
   S. 38
3) Vgl. R. Thoss: Ein Vorschlag zur Koordinierung der Regionalpolitik in einer wachsenden Wirtschaft, in: Jahrbücher für
   Nationalökonomie und Statistik, Bd. 182, 1968/69, S. 49o-529

makro-ökonomischen Produktionsfunktion kommt Thoss für das
produzierende Gewerbe zu dem Ergebnis, daß der Faktor Kapital
zur Steigerung des gesamtwirtschaftlichen Wachstums in ver-
stärktem Maße in ländlichen Regionen eingesetzt werden muß,
entsprechend der Tatsache, daß in ländlichen Regionen Arbeit
in Relation zur Realkapitalausstattung reichlich vorhanden
ist.

Diese Gebiete sind auch nach dem regionalen Einkommensniveau
zu identifizieren,[1] wenn man davon ausgeht, daß in Gebieten
mit einer relativ hohen Grenzproduktivität des Kapitals wegen
der ungünstigen Ausstattung der Arbeitsplätze mit Realkapital
ein relativ niedriges Einkommensniveau, d.h. ein hoher Einkommensrückstand zum Durchschnitt der BRD herrscht.

In den angeführten Untersuchungen[2] zu regionalen Produktionsfunktionen bzw. regionalen Einkommensniveaus wurden jedoch
keine Beschäftigungs- bzw. Einkommensgrößen prognostiziert.
Das hat besondere Konsequenzen für "alte" industrielle Ballungsgebiete. Wie die Arbeitsplatzdefizite erkennen lassen, ist in
Zukunft Arbeit im Verhältnis zu Kapital hier kein knapper
Faktor. Diese Regionen besitzen aber in 1970 noch einen Einkommensvorsprung. Es wäre zu prüfen, ob die angeführten Untersuchungen nicht zu anderen Ergebnissen in bezug auf die Faktor-
grenzproduktivität in strukturgefährdeten Gebieten kommen
würden, wenn für die regionalen Produktionsfunktionen die
Höhe des Arbeitskräfteangebots und die Höhe des Kapitalstocks
für 1977 zur Berechnung der Grenzproduktivität vorausgeschätzt
würden bzw. wenn das regionale Einkommensniveau für 1977 prognostiziert würde. Vorliegende Untersuchungen[3] weisen darauf

---

1) Vgl. R. Thoss und M. Börgel: Zwischenbericht ..., a.a.O.,
   S. 41 f

2) Vgl. R. Thoss: Ein Vorschlag zur Koordinierung ..., a.a.O.;
   R. Thoss und M. Börgel: Zwischenbericht ..., a.a.O.

3) Vgl. E. Jöhrens: Analyse regionaler Lohn- und Gehaltsunter-
   schiede in der Bundesrepublik Deutschland, in: DIW, Viertel-
   jahreshefte zur Wirtschaftsforschung, Heft 4, 1973, S. 256 -
   268, insbesondere S. 257

hin, daß gerade diese Gebiete in der Vergangenheit einen unter-
durchschnittlichen Zuwachs an Löhnen und Gehältern pro Arbeitnehmer, in den verfügbaren Einkommen und im Bruttoinlandspro-
dukt hatten, der den in 197o vorhandenen Einkommensvorsprung
mittelfristig möglicherweise in einen Einkommensrückstand um-
kehrt. Dann müßte nach dem Grenzproduktivitätskriterium des
Kapitals - wenn es am Einkommensniveau gemessen wird - auch
hier investiert werden.

Für die Frage, ob - bei begrenzten Mitteln - durch Investitionen
in wirtschaftsschwachen oder aber in strukturgefährdeten Gebieten größere Beiträge zur Steigerung des gesamtwirtschaftlichen Wachstums zu erreichen sind, sind darüberhinaus folgende
Argumente zu beachten:

1. Verschafft man den in der Zukunft in strukturgefährdeten
   Regionen freigesetzten Arbeitskräften mit einer relativ
   hohen Qualifikation und dementsprechend auch hoher Produk-
   tivität keine neuen qualitativ guten Arbeitsplätze, so
   würde man zweifellos hohe Wachstumsverluste hinnehmen, die
   eine größere Dimension annehmen könnten, als die zusätz-
   lichen Erträge aus der alleinigen Lenkung des Kapitals in
   die wirtschaftsschwachen Gebiete. Anders ausgedrückt, wenn
   in industriellen Problemgebieten aus Stabilitätsüberlegungen
   heraus Arbeitsplatzdefizite beseitigt werden sollen, so wird
   mit einer derartigen Orientierung der Investitionen am Arbeitsmarktbilanzkriterium gleichzeitig auch ein wesentlicher
   Beitrag zur Steigerung des gesamtwirtschaftlichen Wachstums
   geleistet. Zwischen beiden Zielsetzungen besteht Harmonie.

2. Faktoren wie ein qualitativ gutes und breit gestreutes Angebot an infrastrukturellen Leistungen und erschlossenen
   Grundstücken in den vom Strukturwandel betroffenen Verdichtungsgebieten, die Möglichkeit der Realisierung von Betriebs-
   größenersparnissen im betrieblichen und infrastrukturellen
   Bereich und die Möglichkeit der Ausnutzung vielfältiger
   Fühlungsvorteile sprechen zusätzlich für den hohen gesamt-

wirtschaftlichen Wachstumsbeitrag einer Politik der Beseitigung von Arbeitsplatzdefiziten in diesen Räumen.

Insgesamt bleibt festzuhalten, daß das Arbeitsmarktbilanzkriterium sowohl für strukturgefährdete wie auch für wirtschaftsschwache[1] Problemräume einen hohen Informationsgehalt
hinsichtlich des zu erwartenden positiven Wachstumsbeitrags
von Investitionen bietet.

3. Arbeitsmarktbilanzen und Gerechtigkeitsziel

Dem regionalen Gerechtigkeitsziel, definiert als der Abbau
interregionaler Entwicklungsunterschiede, ist nur dann Rechnung getragen, wenn durch eine Politik der Schaffung von Arbeitsplätzen in Problemgebieten bessere Möglichkeiten der
Einkommenserzielung geschaffen werden (aktive Sanierung) und
dadurch Abwanderungen mit der Folge sozialer Erosion verhindert werden, Defizite in der Ausstattung mit infrastrukturellen Einrichtungen, insbesondere bei Einrichtungen der
schulischen und beruflichen Bildung, und sonstiger zentraler
Dienste beseitigt werden und die Räume keinen allzu großen
Umweltbelastungen ausgesetzt werden. Greift nun die regionale Wirtschaftspolitik überall dort ein, wo Arbeitsplatzdefizite zu erwarten sind, so wird über eine aktive Wachstums-
politik mit der Folge steigender Durchschnittseinkommen auch
ein wesentlicher Beitrag zur Erfüllung des regionalen Gerech-
tigkeitsziels geleistet.

---

1) Für wirtschaftsschwache, ländliche Problemgebiete ist festzuhalten, daß Arbeitsplatzdefizit und Einkommensrückstand
relativ gut positiv korrelieren, so daß auch hier eine
alleinige Ausrichtung der Förderpolitik am Arbeitsmarktbilanzkriterium zu einer Steigerung des gesamtwirtschaftlichen Wachstums führt

Zielkonflikte zwischen der Verfolgung des Gerechtigkeits- und
des Wachstumsziels tauchen dann auf, wenn z.B. die Bereit-
stellung zentraler Dienste in industriellen Problemgebieten un-
vertretbar höhere Kosten verursacht, als in wirtschaftsschwachen
Gebieten. Das ist immer dann der Fall, wenn diese Gebiete einen
Grad der Verdichtung erreicht haben, den man als Überballung
bezeichnen kann. Das gleiche tritt ein, wenn die Umweltbe-
lastung in diesen Räumen die allgemeinen Lebensbedingungen
stark verschlechtert. In diesen Fällen ist zu überlegen, ob
man nicht in gewissem Umfang sich vollziehende Abwanderungen
aus diesen Gebieten hinnimmt, um so zu einer Angleichung in
der Lebensqualität der Gebiete beizutragen.[1]

Zusammenfassend läßt sich sagen, daß die prognostische Ermittlung von Arbeitsmarktbilanzen und die Berechnung von Arbeitsmarktreservekoeffizienten für die regionale Wirtschaftspolitik
einen hohen Aussagewert besitzt. Eine Orientierung der Förderpolitik an diesem Kriterium führt in der Regel zu einem höheren
Erfüllungsgrad der drei regionalpolitischen Ziele Stabilität,
Wachstum und Gerechtigkeit in strukturell gefährdeten wie auch
in wirtschaftsschwachen Gebieten.

Im folgenden soll darauf eingegangen werden, was in der Prognose der Nachfrage nach Arbeitsplätzen unter dem regionalen
Arbeitskräftepotential zu verstehen ist.

---

1) Vgl. weiter unten S. 42 ff

II. Die Prognose der Arbeitsplatznachfrage in den Regionen
    der Bundesrepublik Deutschland für das Jahr 1977

1. Prognosezeitraum und Basisregionen

Da für die Prognose von Arbeitsplatznachfrage und -angebot
neben anderem statistischen Material vor allem auf die Ergebnisse der letzten Volks- und Berufszählung zurückgegriffen
wurde, lag es nahe, als Basiszeitpunkt den Stichtag dieser
Zählung, den 27. Mai 1970, zu wählen. Dieses Datum erscheint
unter Arbeitsmarktgesichtspunkten vorteilhaft, da Ende Mai
die Zahl der Arbeitslosen in der Regel beim Jahresminimum
liegt. Darüberhinaus lag, was für die Vorausschätzung des
Arbeitskräftepotentials nicht ohne Bedeutung ist,[1] im Jahre
1970 eine nur geringe durchschnittliche Arbeitslosenzahl vor.

Der Prognosezeitraum erstreckt sich über volle sieben Jahre,
so daß der Berichtsstichtag der 27. Mai 1977 ist. - Wenn im
folgenden von 1970 oder 1977 gesprochen wird, so ist damit
also jweils der 27. Mai gemeint.

Als regionale Einheiten für die Prognose der Nachfrage nach Arbeitsplätzen wurden die 164 bzw. 178 regionalpolitischen Prognoseräume zugrunde gelegt, die unter Arbeitsmarktaspekten abgegrenzt wurden.[2]

In der Anlage sind diese Prognoseräume anhand der Landkreise
und kreisfreien Städte definiert. Dabei wird hier von den
Kreisgrenzen des Basisstichtages ausgegangen. Nur in Rheinland-
Pfalz wurde wegen der mangelnden Verfügbarkeit des statistischen
Materials der Stand vom 7. November 1970 zugrunde gelegt, wo-

---

1) Siehe dazu unten S. 27
2) Vgl. oben S. 2 f

durch statt mit den am 27. Mai noch bestehenden Kreisen Bitburg,
Prüm, Mayen und Koblenz mit den später zusammengefaßten Kreisen
Bitburg-Prüm und Mayen-Koblenz gearbeitet wurde.

Durch die weitgehende Freizügigkeit der Arbeitskräfte über
fast alle Grenzen der Bundesrepublik entsteht im Zusammenhang
mit der Abgrenzung der Aktionsräume bei über die Staatsgrenze
hinausgehenden Verflechtungen ein Problem, auf das an späterer
Stelle noch einmal zurückgekommen werden muß.[1]

2. Zum Begriff des Arbeitskräftepotentials

Die Nachfrage nach Arbeitskräften kann unterschiedlich definiert
werden. Als Nachfrage kann zum Beispiel entweder die zu den am
Arbeitsmarkt herrschenden Bedingungen realisierte Nachfrage,
die der Zahl der besetzten Arbeitsplätze (Erwerbstätige) entspricht, oder die Gesamtnachfrage (Erwerbspersonen), die auch
die Erwerbslosen einschließt, betrachtet werden. Neben diesen
Größen, die als ex-post-Werte in der amtlichen Statistik ausgewiesen werden, ist es darüber hinausgehend möglich, eine
potentielle Arbeitsplatznachfrage zu definieren, die wirksam
würde, wenn bestimmte Voraussetzungen, die andere sind als die
des status-quo, gegeben wären. Von einer solchen, Ziele beinhaltenden Definition der Nachfrage wird im folgenden ausgegangen. Die Größenordnung, in der unterschiedliche Voraussetzungen in bezug auf die Arbeitsplatznachfrage die Bilanzierung beeinflussen, ist aus den Tabellen 6 und 8 dieses
Gutachtens zu erkennen. Um ihren Zielcharakter zu betonen, wird
daher auch vorwiegend von regionalem Arbeitskräftepotential gesprochen. Entsprechend der Aufgabe der Regionalpolitik, diese
regionalen Potentiale weitgehend auszuschöpfen, wird diese
Methode in dem vorliegenden Gutachten angewendet.

---

1) Siehe unten S. 5o ff

In der 1. Prognose (Tabelle 6, 7) wird als Arbeitskräftepotential einer Region für das Jahr 1977 die Zahl an Erwerbspersonen angesehen, die zu diesem Zeitpunkt in der Region
Arbeitsplätze nachfragen, unter der Voraussetzung

- daß keine positiven oder negativen Wanderungssalden zwischen
  1970 und 1977 gegenüber anderen Regionen auftreten,

- daß die Erwerbsquoten der männlichen Erwerbspersonen der
  Regionen mindestens der bundesdurchschnittlichen Quote entsprechen, die regionalen Erwerbsquoten der weiblichen Wohnbevölkerung, sobald sie unter dem Bundesdurchschnitt liegen,
  unterschiedlich behandelt werden, je nachdem, ob die Ursachen in einer für weibliche Erwerbtätige ungünstigen
  Wirtschaftsstruktur oder in abweichendem Erwerbsverhalten
  zu suchen sind, ferner

- daß die Pendler, die Regionsgrenzen überschreiten, als
  potentielle Nachfrager nach Arbeitsplätzen in der Region
  gelten, in der sie wohnen.

In einem erweiterten Ansatz (Tabelle 8,9) liegt eine Prognose
vor, in der das Arbeitskräftepotential unter geänderten Voraussetzungen ermittelt wurde,[1] und zwar

- daß in der Vergangenheit beobachtete negative Wanderungssalden der Erwerbspersonen aus Ballungsräumen als auch für
  die Zukunft anhaltend angenommen werden und mit der Zielsetzung, hier Überlastungserscheinungen abzubauen, auch
  als erwünscht zugelassen werden,

- daß eine in der Zukunft gleichmäßigere räumliche Verteilung
  der ausländischen Erwerbspersonen angenommen wird.

Der Verzicht auf eine Prognose der interregionalen Wanderungs-
bewegungen bei der Vorausschätzung der potentiellen regionalen

---

1) Vgl. dazu weiter unten S. 38 ff

Arbeitsplatznachfrage im ersten Ansatz ist darin begründet,
daß Anhaltspunkte für den Einsatz regionalpolitischer Aktivitäten gegeben werden sollen, da Wanderungen zumindest zum Teil
durch Bedingungen beeinflußt werden, die zu verändern gerade
als Aufgabe der Regionalpolitik betrachtet wird, bzw. das Ver-
meiden von Wanderungsverlusten als regionalpolitisches Ziel
gilt. Soweit in Regionen, die für eine Zuordnung zu der Kate-
gorie Fördergebiete relevant sind, Wanderungsverluste vermieden werden sollen, die durch ökonomische Ursachen, d.h. hier
durch mangelnde Ausstattung mit Arbeitsplätzen bedingt sind,
lassen sich diese Regionen nur durch die Erstellung regionaler
Arbeitsmarktbilanzen ermitteln, die ohne Berücksichtigung
dieser Wanderungen erfolgt. Ein nach dieser Methode festge-
stellter Nachfrageüberhang weist dann gerade auf einen potentiellen negativen Wanderungssaldo hin.

Die hier vorgenommene Analyse deckt mögliche strukturelle Un-
gleichgewichte am Arbeitsmarkt nicht auf, weil weder auf der
Angebots- noch auf der Nachfrageseite Qualifikationsmerkmale
in die Arbeitsmarktbilanzen einbezogen werden konnten. Sektorale Umstrukturierungen können also zu einer verstärkten regionalen oder beruflichen Mobilitätsanforderung führen, ohne
daß in der Arbeitsmarktbilanz und der Wanderungsbilanz ein
Ungleichgewicht entsteht. Die Gefahr der Abwanderung bzw. Arbeitslosigkeit kann in den Regionen mit einem strukturellen
Ungleichgewicht auf dem Arbeitsmarkt noch größer sein, als in
den Arbeitsmarktbilanzen ausgewiesen.

Soweit die Nachfrage und das Angebot von bestimmten Qualifi-
kationen in einer Region voneinander abweichen und dadurch für
diese Regionen Wanderungsverluste entstehen, wird hier davon
ausgegangen, daß das überschüssige Angebot an Arbeitsplätzen,
für das innerhalb der Region keine Nachfrage vorhanden ist,
durch Nachfrage aus anderen Regionen, d.h. durch Zuwanderer,
ausgeglichen werden kann, oder berufliche Umschulungsförderung
nicht nur zu einem Gesamtgleichgewicht, sondern auch zu einem
Arbeitsmarktgleichgewicht für jedes Qualifikationsmerkmal
führen.

Da auch Wanderungen, die auf anderen als ökonomischen Gründen
beruhen, nicht in die Prognose eingehen, wird hier also unterstellt, daß der Ausgleich eines dadurch auftretenden Wanderungs-
verlustes einer Region dann erfolgt, wenn ein genügend großer
Anreiz für einen entsprechenden Wanderungsgewinn vorhanden ist,
der grundsätzlich als beeinflußbar - vor allem durch Veränderung
der ökonomischen Bedingungen in der Region - angesehen wird.

Die Prognose, deren Ergebnisse in Tabelle 6 wiedergegeben ist,
erhält also in dem Teil, in dem von ausgeglichenen Wanderungs-
bilanzen ausgegangen wird, folgenden normativen Charakter:

Das Ergebnis der Prognose regionalen Erwerbspersonenpotentials sagt aus, wieviel Personen in der Region
Beschäftigung finden könnten, wenn genügend und aus-
reichend attraktive Arbeitsplätze, die auch als Ergebnis einer erfolgreichen Regionalpolitik angesehen
werden können, zur Verfügung stehen, so daß Wanderungs-
gewinne oder -verluste, die als ökonomisch induziert
oder als von anderen, regionalpolitisch beeinflußbaren
Größen abhängig betrachtet werden, nicht eintreten
würden.

Es sei in diesem Zusammenhang bereits darauf hingewiesen, daß
für die Berechnung des Erwerbspersonenpotentials in einer Modi-
fikation der Abwanderungssaldo aus Ballungsgebieten akzeptiert
wurde. Diese Prämisse, die zu einem anderen Ergebnis führt,
bedeutet, daß das regionale Potential wie schon im ersten
Modell als eine durch Regionalpolitik beeinflußbare Größe betrachtet wird,[1] und zwar auch mit dem Ziel der Entballung.

---

1) Vgl. dazu P. Thelen: Abgrenzung von Regionen als Grundlage
   für eine raumbezogene Politik, in: Jahrbuch für Sozial-
   wissenschaft, Bd. 23, 1972, H. 2, S. 248 f

Die regionale Nachfrage nach Arbeitskräften wird nicht nur
durch die Bevölkerungsstruktur beeinflußt, sondern sie ist
auch abhängig von den regionalen Erwerbsquoten. Würde man bei
einer Vorausschätzung des Arbeitskräftepotentials die Unterschiede zwischen den Erwerbsquoten der Regionen (z.B. bei einer
Trendextrapolation dieser Quoten aus Vergangenheitswerten) als
gegeben ansehen, käme man zu hier nicht vertretbaren Ergebnissen. "Arbeitskräftereserven, die Folge einer Unterauslastung
des Arbeitskräftepotentials sind und ihre Ursache in Struktur-
mängeln oder einem niedrigen Entwicklungsniveau einer Region
haben, können durch diese Methode nicht aufgedeckt werden".[1]
Da diese Ursachen regional unterschiedlichen Erwerbsverhaltens,
die zu einem im Vergleich mit anderen Regionen unzulänglichen
Angebot an Arbeitsplätzen führen, wiederum durch regionalpolitische Aktivitäten verändert werden können und sollen, wird
hier ein Weg beschritten, durch den zwar nicht das gesamte
mögliche "Zusatz-Potential"[2] erfaßt wird, wohl aber ein Teil,
von dem angenommen wird, daß er durch entsprechende regionalpolitische Aktivitäten in einem mittelfristigen Zeitraum aus-
geschöpft werden kann.

Falls eine geschlechtsspezifische Erwerbsquote des Bundes
höher liegt als die der Region, wird davon ausgegangen, daß
ein derartiges Zusatz-Potential in der Region vorhanden ist.
In diesem Fall wird der Berechnung des Arbeitskräftepotentials
nicht die regionale, sondern eine höhere Erwerbsquote zugrunde
gelegt.

   Das so ermittelte regionale Arbeitskräftepotential hat
   über die oben beschriebene Norm seiner Immobilität

---

1) Vgl. D. Biehl, S. Schnyder, H. Vögele: Schätzung des Arbeitskräftepotentials für Schleswig-Holstein und die Bundesrepublik Deutschland (hekt. Manuskript), Kiel 1971, S. 4

2) Vgl. ebenda, S. 5

hinaus Zielcharakter. Es kann in Regionen, in denen
ein Zusatz-Potential besteht, ebenfalls nur ausge-
schöpft werden, wenn in quantitativer und qualitativer
Hinsicht genügend Arbeitsplätze durch regionalpolitische Maßnahmen geschaffen werden.

Es wurde darauf verzichtet, die beschriebene Methode, nämlich
jeweils von der bundesdurchschnittlichen Erwerbsquote bei der
Errechnung des Arbeitskräftepotentials auszugehen, wenn diese
die regionale Quote übersteigt, auch dann anzuwenden, wenn
geschlechts- und altersspezifische Erwerbsquoten des Bundes
höher als die der Region sind. Der Grund dafür wird einmal
darin gesehen, daß es für einige Altersgruppen nicht sinnvoll
erscheint, die Erhöhung der Erwerbsquote als politische Norm
zu betrachten. So ist z.B. eine Steigerung der Erwerbstätigkeit in den unteren Jahrgängen meist identisch mit einer Ver-
kürzung der Ausbildungszeiten. Für die Jahrgänge über 6o wird
ebenfalls eher eine Herabsetzung als eine Erhöhung der Erwerbstätigkeit angestrebt. Zum anderen würde eine derartige
Methode den Potentialcharakter der Ergebnisse in einem Maße
verstärken, daß es zumindest zweifelhaft wird, ob innerhalb
eines mittelfristigen Planungszeitraums mit einer Ausschöpfung
dieser Potentiale gerechnet werden kann.

Aus den genannten Überlegungen wurde hier das regionale Erwerbspersonenpotential zwar unter Zugrundelegung alters- und
geschlechtsspezifischer Erwerbsquoten der Regionen berechnet,
eine Korrektur dieser Ergebnisse nach oben erfolgt aber nur,
wenn die geschlechtsspezifischen, nicht nach dem Alter unter-
gliederten Erwerbsquoten des Bundes zu einem höheren Potential-
wert führten.

Bei der Bestimmung des Arbeitskräftepotentials werden die
Pendler als in den Regionen verfügbare Arbeitskräfte angesehen,
in denen sie ihren Wohnsitz haben. Dieses Vorgehen beruht darauf, daß von den Ergebnissen der letzten Volkszählung, die

die Erwerbstätigen nach dem Wohnort erfaßt, ausgegangen wird.
Zudem dürfte ein wesentlicher Grund für einen Auspendlerüberschuß einer Region wiederum in einer mangelnden Ausstattung
dieser Region mit attraktiven Arbeitsplätzen liegen. Fällt bei
einer erfolgreichen Regionalpolitik dieser Grund fort, kann
davon ausgegangen werden, daß die Auspendler innerhalb ihrer
Wohnregion die dann vorhandenen Arbeitsplätze nachfragen.

Das Problem der Pendler verliert zudem an Gewicht, je mehr die
Grenzen der Arbeitsmarktregionen mit den Grenzen der tatsächlichen Arbeitsmärkte übereinstimmen.

3. Prognose der natürlichen Bevölkerungsentwicklung in den
   Regionen

3.1 Basisbevölkerung der Kreise

Um das regionale Arbeitskräftepotential für 1977 vorauszuschätzen, wird als erster Schritt eine Prognose der Bevölkerung, soweit sie bis zum Berichtszeitpunkt ins erwerbsfähige
Alter eingetreten ist, durchgeführt. Da der Prognosezeitraum
nur sieben Jahre umfaßt, sind alle Personen, die 1977 erwerbs-
tätig sein können, zu Beginn des Prognosezeitraums schon ge-
boren. Eine Vorausschätzung der Geburten ist somit nicht notwendig.

Als Ausgangsmaterial für die Bevölkerungsprognose kann auf die
Ergebnisse der Volkszählung von 1970 zurückgegriffen werden,
die auf Kreisebene nach Geburtsjahren und Geschlecht geordnet
vorliegen.

Sowohl bei der Bevölkerungsfortschreibung als auch bei der
darauf aufbauenden Prognose der potentiellen Erwerbstätigkeit
muß von Altersgruppen ausgegangen werden. Das uns vorliegende
statistische Material der Volkszählung erfaßt die Bevölkerung

jedoch nach Geburtsjahren. Da z.B. ein Teil der im Jahre 1950 Geborenen zu diesem Zeitpunkt noch nicht das 20. Lebensjahr vollendet hatte, entspricht die Besetzungszahl in der Gruppe der 20 bis unter 21jährigen nicht der Zahl der erfaßten Personen des Jahrgangs 1950. Weil eine Umrechnung nicht möglich war, wurden trotzdem die im Jahre 1950 Geborenen so behandelt, als ob sie zu diesem Zeitpunkt das 20. Lebensjahr vollendet hätten. Die mögliche Verzerrung, die dadurch in der Altersstruktur entstehen kann, ist allerdings für die Berechnung der potentiellen Erwerbstätigkeit von relativ geringer Bedeutung, da diese von jeweils 5 Altersjahre umfassenden Altersgruppen ausgeht. Dadurch ist das Zuordnungsproblem immer nur für die jeweiligen Eingangs- und Ausgangsjahrgänge relevant. Bei der Errechnung des Erwerbspersonenpotentials ist außerdem zu erwarten, daß eine Verzerrung, die durch die Zuordnung im Eingangsaltersjahr entsteht, weil ein Teil des zugerechneten Jahrgangs das entsprechende Eingangsaltersjahr noch nicht vollendet hat, dadurch teilweise aufgehoben wird, daß dem Ausgangsaltersjahrgang aus dem gleichen Grund ein Teil des ersten Jahrganges, der der nächsten Altersgruppe zugeordnet wird, fehlt. Insgesamt ist trotzdem damit zu rechnen, daß das Verfahren zu einer sehr geringfügigen Verzerrung des Erwerbspersonenpotentials führen kann. Da davon allerdings alle Kreise betroffen sind, besteht keine Gefahr, daß der beabsichtigte Vergleich zwischen den Regionen erschwert wird.

Die geschlechts- und altersspezifischen Bevölkerungszahlen der Basisbevölkerung vom 27.5.1970 sind die für die Fortschreibung relevanten Daten. Da die hier zugrunde gelegten Regionen zum Teil landesgrenzenüberschreitend sind und im folgenden mit landesspezifischen Sterbewahrscheinlichkeiten gerechnet wird, erfolgt die Bevölkerungsfortschreibung auf der Basis von Kreisen.

3.2 Sterbewahrscheinlichkeiten

Für jeden Landkreis und jede kreisfreie Stadt wird der für die
Erwerbstätigkeit des Jahres 1977 relevante Teil des Bevölke-
rungsbestandes aus dem Jahre 1970 sowohl für die Frauen als
auch für die Männer bis 1977 fortgeschrieben, und zwar unter
Abzug der Gestorbenen, die mit alters- und geschlechtsspezifischen Sterbewahrscheinlichkeiten geschätzt werden. Der relevante Bevölkerungsbestand B des Jahres a + 1 des Kreises k läßt
sich aus dem Bestand des Vorjahres a unter Heranziehung der
Sterbewahrscheinlichkeit h entsprechend der Gleichung

$$(1) \qquad B_{a+1,\, j+1}^{g,k} = B_{a,j}^{g,k} \cdot (1 - h_j^{g,k})$$

errechnen, wobei j über die Altersjahre und g über das Geschlecht läuft.

Da es weder für die hier zugrunde gelegten Regionen noch für
die Kreise, aus denen sie sich zusammensetzen, Prognose- oder
Vergangenheitswerte der Sterbewahrscheinlichkeiten gibt, wurden
hier die Sterbeziffern der Länder herangezogen, und zwar jeweils aus dem letzten Jahr, für das diese Ziffern bzw. Material
zur eigenen Be- oder Umrechnung von den Statistischen Landesämtern zur Verfügung gestellt werden konnte. Dieses Verfahren
ist deswegen vertretbar, weil zwischen den Sterbeziffern der
Regionen und denen des jeweiligen Landes nicht mit ins Gewicht
fallenden Abweichungen gerechnet werden muß.[1]

Obwohl davon ausgegangen werden kann, daß sich die Sterblich-
keit im Zeitablauf verändert, werden hier die Werte konstant

---

1) Vgl. H. Gerfin, W. Kirner und J. Wulf: Entwürfe für disaggregierte Modelle zur Arbeitsmarktprognose für die BRD,
   Berlin 1972, S. 99

gehalten. Die Kürze des ca. 7 Jahre umfassenden Prognosezeitraums rechtfertigt dieses Vorgehen.[1]

Die für die Fortschreibung herangezogenen Sterbewahrscheinlichkeiten der Länder sind in Tabelle 1 dargestellt. Als
Ergebnis der siebenjährigen Fortschreibung nach Gleichung (1)
erhält man den Wert

$$B^{g,k}_{1977,\,j+7}$$

der eine kreisweise Schätzung der Bevölkerung, soweit sie bis
1977 ins erwerbsfähige Alter eingetreten ist, nach dem Geschlecht und dem Alter für alle Kreise beinhaltet. Für die
weiteren Berechnungen werden diese Ergebnisse nach jeweils
5 Altersjahre umfassenden Gruppen (d) zusammengestellt. Die
entsprechenden Prognosewerte der Altersgruppen für eine Region
r lassen sich durch Addition der Gruppenprognosewerte aller
Kreise dieser Region ermitteln:

$$(2) \qquad B^{g,r}_{1977,d} = \sum_{k=1}^{n} B^{g,k}_{1977,d}$$

wobei n die Zahl der Kreise k (entsprechend der Regionsdefi-
nition im Anhang) der Region r ist.

Ein Einfluß der Wanderungen auf die Altersstruktur der Bevölkerung ist nicht erfaßt. Eine Veränderung der Altersstruktur kann auch bei einem Wanderungssaldo von null auftreten,
und zwar dann, wenn sich die altersmäßige Zusammensetzung der
Auswanderer von der der Einwanderer unterscheidet. Eine solche

---

1) Vgl. H. Gerfin, W. Kirner und J. Wulf: Entwürfe für disaggregierte Modelle ..., a.a.O., S. 99

Tendenz kann für den Anteil der Ausländer an den Wanderungen vermutet werden, da wahrscheinlich die in ihre Heimatländer zurückkehrenden ausländischen Arbeitnehmer von im Durchschnitt jüngeren Ausländern ersetzt werden.[1] Falls diese Annahme zutrifft, könnte die hier gewählte Methode bei Regionen mit großem Ausländeranteil an der Gesamtbevölkerung zu einer Fehleinschätzung der Altersstruktur führen, die allerdings bei einem siebenjährigen Prognosezeitraum so geringfügig sein dürfte, daß sich der Aufwand für eine die Altersstruktur der Zu- und Abwanderer berücksichtigende Korrektur kaum lohnen würde.

---

1) Vgl. dazu auch D. Biehl u.a.: Schätzung des Arbeitskräftepotentials ..., a.a.O., S. 17 f

Tabelle 1: Sterbewahrscheinlichkeiten

Altersgruppe von ... bis unter ...	SchH 2)		Hmb 2)		Ndsa 2)		Brm 2)		NW 1)		Hess 1)		RhPf 1)		BaWü 2)		Bay 2)		Saar 3)	
	m	w	m	w	m	w	m	w	m	w	m	w	m	w	m	w	m	w	m	w
5 - 10	0,6	0,4	0,7	0,4	0,7	0,4	0,8	0,3	0,7	0,5	0,5	0,3	0,6	0,5	0,6	0,4	0,5	0,3	0,5	0,5
10 - 15	0,6	0,4	0,5	0,4	0,6	0,4	0,6	0,3	0,5	0,4	0,4	0,3	0,5	0,2	0,4	0,3	0,6	0,3	0,4	0,4
15 - 20	1,5	0,5	1,1	0,6	1,8	0,7	0,9	0,5	1,3	0,6	1,4	0,6	1,4	0,6	1,5	0,5	2,0	0,6	1,5	0,5
20 - 25	1,8	0,7	1,6	0,7	2,2	0,7	1,8	0,5	1,5	0,5	1,4	0,6	1,9	0,5	1,7	0,5	1,7	0,6	2,2	0,5
25 - 30	1,8	0,6	1,7	0,7	2,0	0,8	1,7	0,6	1,4	0,7	1,4	0,7	1,8	0,6	1,5	0,7	1,6	0,7	2,0	0,6
30 - 35	1,9	1,1	1,9	0,8	2,1	1,0	1,7	1,1	1,7	1,0	1,6	0,7	1,6	1,0	1,8	0,8	2,0	0,9	1,9	0,7
35 - 40	2,3	1,4	2,4	1,7	2,7	1,6	2,9	1,7	2,4	1,6	2,0	1,4	2,6	1,4	2,4	1,3	2,7	1,4	2,5	1,5
40 - 45	3,5	2,1	4,0	2,4	4,2	2,3	3,5	2,4	3,6	2,3	3,3	2,2	3,9	2,3	3,4	2,0	3,7	2,2	4,0	2,1
45 - 50	5,4	3,9	6,1	4,0	6,1	3,6	6,6	3,6	6,1	3,7	5,1	3,6	6,1	3,6	5,5	3,3	5,8	3,5	6,5	3,9
50 - 55	8,4	5,4	9,9	5,7	8,8	5,4	10,1	6,3	10,3	5,8	8,6	5,0	10,0	5,7	8,1	4,9	9,4	5,2	8,9	6,0
55 - 60	15,1	7,2	15,1	7,8	16,1	8,2	14,9	7,9	16,5	8,4	15,0	7,6	16,8	7,7	13,8	7,0	15,6	7,8	18,0	8,4
60 - 65	25,4	13,0	26,9	12,9	25,6	12,7	26,1	12,7	30,0	13,9	24,8	12,8	28,4	13,5	23,7	11,7	27,0	12,9	29,6	13,4
65 und älter	80,4	59,4	81,4	56,1	74,5	55,9	80,7	56,0	83,8	59,8	77,2	56,8	80,1	58,4	73,8	55,8	74,9	56,2	79,7	55,6

1) Gestorbene auf 1.000 Einwohner im Jahre 1969
2) Gestorbene auf 1.000 Einwohner im Jahre 1970
3) Gestorbene auf 1.000 Einwohner im Jahre 1971

Quelle: Material aus den Statistischen Landesämtern und eigene Umrechnungen

4. Prognose des Arbeitskräftepotentials

4.1 Erwerbsquoten

Zur Errechnung des Arbeitskräftepotentials des Jahres 1977
werden die Besetzungszahlen der jeweiligen Altersgruppen aus
der regionalen Bevölkerungsprognose mit altersgruppen- und
geschlechtsspezifischen Erwerbsquoten multipliziert. Die Ergebnisse werden allerdings daraufhin überprüft, ob sie unter
den Werten liegen, die sich bei Unterstellung von bundesdurchschnittlichen, geschlechtsspezifischen Erwerbsquoten in der
jeweiligen Region ergeben.[1] Falls diese Überprüfung bei den
Männern und/oder Frauen zu einem positiven Ergebnis führt,
wird die Differenz als Indikator für ein Zusatz-Potential der
Region gedeutet und bei den männlichen Erwerbspersonen der
höhere Wert zur Errechnung des regionalen Arbeitskräftepotentials herangezogen, bei den weiblichen Erwerbspersonen wird
nur ein Teil der Differenz als Zusatz-Potential angesetzt, je
nachdem, ob die Ursachen in abweichendem Erwerbsverhalten oder
in für die Frauenbeschäftigung ungünstiger Wirtschaftsstruktur
zu suchen sind.[2]

Zusätzlich zu der regionalisierten Bevölkerungsprognose werden
also noch zwei weitere Teilprognosen notwendig, um das regionale Arbeitskräftepotential vorauszuschätzen, nämlich

- eine Prognose der geschlechtsspezifischen Erwerbsquoten des
  Bundes und

- Prognosen der altersgruppen- und geschlechtsspezifischen
  Erwerbsquoten aller Regionen.

---

1) Siehe dazu oben, S. 18
2) Vgl. weiter unten, S. 33 ff

Aus der Definition des Arbeitskräftepotentials[1] geht hervor,
daß die Erwerbslosen ebenfalls dem Potential zugerechnet werden sollen, daß also von den Erwerbspersonen statt von den
Erwerbstätigen auszugehen ist. Bei der Prognose der regionalen
Erwerbsquoten ließ sich dieses Konzept nicht vollständig durch-
halten, da das vorhandene Ausgangsmaterial der Volkszählung
von 1970 keinen Ausweis der Erwerbspersonen, sondern nur der
Erwerbstätigen enthält.[2] Da zum Erhebungszeitpunkt allerdings eine sehr geringe durchschnittliche Erwerbslosigkeit
(ca. 0,5 %) bestand, ist die sich im Ergebnis niederschlagende
Abweichung insgesamt relativ gering. Andererseits ist nicht
auszuschließen, daß in einigen Regionen auch zum Zeitpunkt
der Volkszählung größere Arbeitslosenquoten bestanden, so daß
dem Einwand, daß vom ursprünglichen Potentialkonzept abge-
wichen wird, nicht begegnet werden kann.

Bei der Prognose der bundesdurchschnittlichen Erwerbsquoten
konnte allerdings wieder dem Konzept entsprechend von Erwerbspersonen ausgegangen werden. Die Schätzwerte, die mit Hilfe
dieser Erwerbsquoten errechnet wurden, entsprechen also ebenfalls dem Erwerbspersonenkonzept. Dadurch werden in der Regel
Unterschätzungen, die durch einen zu niedrigen Ansatz der regionalen Erwerbsquoten aufgrund relativ hoher, regionaler Er-
werbslosenzahlen auftreten, im Endergebnis sofort korrigiert,
da entsprechend dem in Gleichung (7) dargestellten Rechenver-
fahren die höheren, Erwerbspersonen beinhaltenden Werte in
das Arbeitskräftepotential eingehen. Nur in Regionen, die

---

1) Siehe oben, S. 14 ff

2) Wenn im folgenden von regionalen Erwerbsquoten gesprochen
   wird, so ist dabei immer von Erwerbstätigen auszugehen

neben einem überdurchschnittlich hohen Erwerbslosenanteil im
Basisjahr auch überdurchschnittlich hohe Erwerbsquoten aufweisen, kann das Arbeiten mit auf Erwerbstätigen beruhenden,
regionalen Erwerbsquoten zu einem das Potential etwas unter-
schätzenden Ergebnis führen.

4.1.1 Geschlechtsspezifische Erwerbsquoten des Bundes

Zur Prognose der geschlechtsspezifischen, nicht altersmäßig
aufgegliederten Erwerbsquoten des Bundes für 1977 wurde auf
die vom Statistischen Bundesamt veröffentlichte 2. koordinierte
Bevölkerungsvorausschätzung sowie auf die Vorausschätzung der
Entwicklung der Erwerbspersonen zurückgegriffen.[1]

Da bei den Frauen sowohl die Vorausschätzung der Wohnbevölkerung als auch die der Erwerbspersonen nach dem Familienstand
erfolgten und nur so ausgewiesen wurden, mußten die jeweiligen
Werte zu einer Gruppe "Frauen insgesamt" zusammengefaßt werden.
Da außerdem nur Prognoseergebnisse mit einem fünfjährigen Abstand vorliegen, mußte bei den Männern und Frauen zwischen den
1975er und den 1980er Werten eine Interpolation auf 1977 vorgenommen werden. Die Ergebnisse dieser Umrechnungen sind in
Tabelle 2 festgehalten.

Insgesamt wird also sowohl bei den Männern als auch bei den
Frauen mit einem leichten Fallen der Erwerbsquote gerechnet.

---

1) Vgl. Statistisches Bundesamt: Entwicklung der Wohnbevölkerung, der Erwerbsquoten und der Erwerbspersonen 1969 bis
   1985, in: Wirtschaft und Statistik, Jg. 1970, H. 9,
   S. 528* f

<u>Tabelle 2:</u> Erwerbsquoten des Bundes 1977

Erwerbsquote 1977	Männer	Frauen
in %.	764	375
197o = 1	o,968	o,982

Quelle: Eigene Berechnungen auf der Grundlage der Veröffentlichung des Statistischen Bundesamtes: Entwicklung
der Wohnbevölkerung ..., a.a.O., S. 528* f

4.1.2 Altersgruppen- und geschlechtsspezifische Erwerbsquoten der Regionen

Eine Methode, die Erwerbsquoten der Regionen vorauszuschätzen,
besteht darin, mittels einer Zeitreihenanalyse aus den Vergangenheitswerten für jede Region eine Trendextrapolation der
geschlechts- und altersgruppenspezifischen Quoten vorzunehmen.
Abgesehen von der Schwierigkeit der Beschaffung und rechne-
rischen Verarbeitung des dazu notwendigen Datenmaterials, die
durch Änderungen der Verwaltungsgrenzen in der Vergangenheit
noch verstärkt werden, kann ein derartiges Verfahren, insbesondere bei kleinen Raumeinheiten, zu kaum vertretbaren Fehl-
schätzungen führen.

Ähnliche Bedenken gelten gegenüber einem anderen Verfahren,
bei dem für jede der 164 bzw. 178 Regionen getrennt Annahmen
über die Entwicklung der Erwerbsquoten gemacht werden. Dieses
auf Kenntnissen über die Regionen und auf Plausibilitätsüber-
legungen beruhende Verfahren scheitert schon an der mangelnden

Detailkenntnis der Gutachter über jede einzelne Region. Es
würde aber auch die notwendige Überprüfbarkeit und Nachvoll-
ziehbarkeit der Prognose erschweren.

Die regionalen Erwerbsquoten werden hier deshalb nach einem
anderen Verfahren geschätzt, und zwar werden die Erwerbsquoten der Regionen aus dem Jahre 1970, die sich aus dem
Material der Volkszählung errechnen lassen, durch den Trend
der Entwicklung der Erwerbsquoten des Bundes bis 1977 modifi-
ziert. Wenn E_{1970} die Erwerbspersonen aus der Volkszählung

sind, lassen sich die Erwerbsquoten e des Basisjahres entsprechend der Gleichung

$$(3) \qquad e^{g,k}_{1970,d} = \frac{E^{g,k}_{1970,d}}{B^{g,k}_{1970,d}}$$

errechnen.

Da auf regionaler Ebene sowohl bei den Männern als auch bei
den Frauen von Erwerbsquoten ausgegangen werden soll, die sich
auf Altersgruppen beziehen, muß hier also auch eine Schätzung
der altersgruppen- und geschlechtsspezifischen Erwerbsquoten
des Bundes für 1977 vorgenommen werden. Dabei kann wieder auf
die schon erwähnte Veröffentlichung als Ausgangsmaterial zurückgegriffen werden.[1] Durch entsprechende Zusammenfassungen
und Interpolationen der Werte wurden die aus Tabelle 2 a er-
sichtlichen Erwerbsquoten des Bundes für 1977 errechnet.

---

[1] Vgl. Statistisches Bundesamt: Entwicklung der Wohnbevölkerung ..., a.a.O., S. 528* f

Tabelle 2 a: Erwerbsquoten des Bundes nach Altersgruppen und
Geschlecht 1977

Alter von ... bis unter ...	Anteil der Erwerbspersonen an der Wohnbevölkerung			
	Männer		Frauen	
	in ‰	197o = 1	in ‰	197o = 1
15 - 2o	573	o,949	572	o,966
2o - 25	822	o,969	631	o,962
25 - 3o	91o	o,984	479	o,962
3o - 35	984	1,ooo	448	1,o32
35 - 4o	987	1,ooo	453	1,o23
4o - 45	98o	1,ooo	482	1,o19
45 - 5o	9 68	1,ooo	497	1,o25
5o - 55	949	1,ooo	466	1,o59
55 - 6o	881	o,98o	357	o,965
6o - 65	652	o,896	193	o,839
65 u.älter	135	o,655	61	o,889

Quelle: Eigene Berechnungen auf der Grundlage der Veröffentlichung des Statistischen Bundesamtes: Entwicklung
der Wohnbevölkerung ..., a.a.O., S. 528* f

Bei der Betrachtung dieser Prognosewerte bzw. ihrer Entwicklung seit 197o fallen vor allem drei Trends auf:[1]

- Sowohl bei den Frauen als auch bei den Männern ist wegen der
  zu erwartenden längeren Ausbildungszeiten mit einer Abnahme
  der Erwerbstätigkeit in den Altersgruppen unter 3o Jahren
  zu rechnen.

- Neben anderen das Erwerbsverhalten beeinflussenden Faktoren
  trägt wahrscheinlich die bessere Ausbildung zu einem leich-

---

1) Vgl. dazu L. Herberger und W. Wermter: Vorausschätzung der
   Erwerbspersonen bis 1985, in: Wirtschaft und Statistik,
   Jg. 197o, H. 9, S. 459 ff

ten Ansteigen der Erwerbsquoten der Frauen in den mittleren
Jahrgängen bei.

- In den Altersgruppen über 55 Jahre ist bei Männern und Frauen
  mit einem Sinken der Erwerbsquoten zu rechnen. Für diese Annahme sprechen neben dem schon in der Vergangenheit beob-
  achteten Trend zum früheren Ausscheiden aus dem Erwerbsleben
  der auch in Zukunft zu erwartende Rückgang der Landwirtschaft sowie eine bessere Alterssicherung der Selbständigen.

Aus Tabelle 2a kann der altersgruppen- und geschlechtsspezifische Trendfaktor der Erwerbsquotenentwicklung des Bundes für
den Prognosezeitraum entnommen werden. Mit Hilfe dieses Faktors
t werden die regionalen Erwerbsquoten entsprechend der Gleichung

$$(4) \qquad e^{g,k}_{1977,d} = e^{g,k}_{197o,d} \cdot t^{g}_{d}$$

vorausgeschätzt. Bei der Übertragung dieser erwarteten Entwicklung der Erwerbsquoten des Bundes auf die Erwerbsquoten
der Regionen aus dem Jahre 197o wird davon ausgegangen, daß
die gesellschaftlichen Veränderungen, die die Erwerbsquoten
beeinflussen, im gesamten Bundesgebiet in die gleiche Richtung
wirken. Obwohl die Intensität dieser Wirkungen nach Regionen
unterschiedlich sein kann, ist daher anzunehmen, daß das hier
angewandte Verfahren zu besseren Ergebnissen führt als eine
unmodifizierte Übernahme der Erwerbsquoten des Jahres 197o
oder die oben erwähnte Trendextrapolation der regionalen Erwerbsquoten.

4.2 Bestimmung des männlichen Arbeitskräftepotentials

Die Zahlen der männlichen Erwerbspersonen E für 1977, die sich
bei Zugrundelegung der regionalen Erwerbsquotenschätzungen er-

geben, lassen sich entsprechend der Gleichung

$$(5) \quad E_{1977,d}^{m,r} = B_{1977,d}^{m,r} \cdot e_{1977,d}^{m,r}$$

errechnen. Legt man auch für die Regionen die bundesdurchschnittlichen Erwerbsquoten f der Männer insgesamt (also nicht entsprechend dem Alter aufgeschlüsselt) zugrunde, so läßt sich eine zweite Schätzung der männlichen Erwerbspersonen F nach der Gleichung

$$(6) \quad F_{1977}^{m,r} = \sum_j B_{1977,j}^{m,r} \cdot f_{1977}^{m}$$

durchführen.

Da wegen des angestrebten Potentialcharakters der Arbeitsplatznachfrageprognose bei den Männern der jeweils höhere Wert herangezogen werden soll, ergibt sich das männliche Arbeitskräftepotential P entsprechend der Gleichung

$$(7) \quad P_{1977}^{m,r} = \max \left(\sum_d E_{1977,d}^{m,r} , F_{1977}^{m,r} \right)$$

4.3 Bestimmung des weiblichen Arbeitskräftepotentials

Das Prognoseverfahren für Frauen sieht davon ab, dann in einzelnen Arbeitsmarktregionen die höhere Frauenerwerbsquote des

Bundes einzusetzen, wenn sie über der regionalen Quote liegt.
Zwar wird weiterhin angenommen, daß nach Maßgabe der Abstände
zwischen der regionalen und Bundeserwerbsquote der Frauen
(vgl. Tabellen 5 und 5 a) eine potentielle weibliche Arbeitsplatznachfrage als Zielgröße anzusehen ist, jedoch wird der
Frage Rechnung getragen, ob sie sich bei Einsatz entsprechender
Instrumente auch bis 1977 mobilisieren läßt. Dabei wird die
Mobilisierbarkeit als durch folgende zwei Gründe bestimmt angesehen: Zum einen durch Unterschiede im Erwerbsverhalten der
Frauen und zum anderen durch Unterschiede in der Branchen-
struktur.

Der Identifikation dieser beiden Bestimmungsgründe dient die
Berechnung eines Erwartungswertes, der die weibliche Arbeits-
platznachfrage ausweist, wie sie sich ergibt, wenn die branchen-
spezifische bundesdurchschnittliche Erwerbsbeteiligung der
Frauen auf die Region übertragen wird. Die dazu erforderlichen
Rechenschritte sind im folgenden angeführt:

1) Für jede Branche[1] wird die bundesdurchschnittliche Quote
   der Erwerbsbeteiligung der Frauen berechnet

2) Die branchenspezifischen Erwartungswerte der weiblichen Erwerbstätigen einer jeden Region werden durch Multiplikation
   der regionalen Beschäftigten in den Branchen mit den bundesdurchschnittlichen branchenspezifischen Quoten weiblicher
   Erwerbsbeteiligung gebildet

3) Durch Summierung der branchenspezifischen Erwartungswerte
   über alle Branchen wird der regionale Erwartungswert der
   weiblichen Arbeitsplatznachfrage berechnet

4) Die Division der regionalen Erwartungswerte der weiblichen
   Arbeitsplatznachfrage durch die erwerbsfähige weibliche Be-

---

1) Ergebnisse für 35 Wirtschaftsunterabteilungen der Volkszählung 1970

völkerung der Regionen ergibt die regionsspezifischen Erwartungswerte für die weiblichen Erwerbsquoten des Jahres 1970

5) Durch Multiplikation mit dem bundesdurchschnittlichen Trend der weiblichen Erwerbsquote bis zum Jahre 1977 und Multiplikation mit der regionalen weiblichen erwerbsfähigen Bevölkerung des Jahres 1977 ergibt sich der regionale Erwartungswert der weiblichen Arbeitsplatznachfrage für das Jahr 1977

Seinen formalen Ausdruck findet dieses Vorgehen in der folgenden Gleichung für die Erwartungswertberechnung:

$$(8) \qquad \hat{E}^{w,r}_{1977} = B^{w,r}_{1977} \cdot \frac{\hat{E}^{w,r}_{1970}}{B^{w,r}_{1970}} \cdot t^{w}_{1977}$$

Der Ausdruck $\hat{E}^{w,r}_{1970} / B^{w,r}_{1970}$ steht für die erwartete regionale weibliche Erwerbsquote für das Jahr 1970, dessen Zähler den Erwartungswert der weiblichen regionalen Erwerbspersonen für 1970 angibt. Für ihn gilt:

$$(9) \qquad \hat{E}^{w,r}_{1970} = \sum_{i} (E^{r}_{1970,i} \cdot e^{w}_{1970,i})$$

Hierbei ist:

$e^{w}_{1970,i}$	= bundesdurchschnittliche Quote der Erwerbsbeteiligung der Frauen in den Branchen	$\hat{E}$	= Erwartungswert
		B	= erwerbsfähige Bevölkerung
r	= Arbeitsmarktregion	E	= Erwerbstätige
t^{w}_{1977}	= Trendfaktor der weiblichen Erwerbsquote bis 1977	i	= Branchenindex
		w	= Index für weiblich

Für die Berechnung des weiblichen Arbeitskräftepotentials einer
Region stehen somit drei Größen zur Verfügung: erstens die Zahl
der weiblichen Erwerbspersonen für 1977, die sich nach der
Schätzung anhand regionaler Erwerbsquoten ergibt:

$$(10) \quad E^{w,r}_{1977} = B^{w,r}_{1977,d} \cdot e^{w,r}_{1977,d}$$

zweitens die Zahl der weiblichen Erwerbspersonen, die sich bei
Zugrundelegung der bundesdurchschnittlichen Erwerbsquote der
Frauen errechnet:

$$(11) \quad F^{w,r}_{1977} = \sum_j B^{w,r}_{1977,j} \cdot f^{w}_{1977}$$

und drittens die Schätzung der weiblichen Erwerbspersonen,
wenn die erwartete regionale weibliche Erwerbsquote zugrunde
gelegt wird:

$$(12) \quad \hat{E}^{w,r}_{1977} = B^{w,r}_{1977} \cdot \hat{e}^{w,r}_{1977}$$

Die somit entstehenden Differenzen zwischen den weiblichen
Potentialen sind wie folgt bezeichnet:

$$D^{br} = E^{w,r}_{1977} - F^{w,r}_{1977}$$

$$D^{b} = F^{w,r}_{1977} - \hat{E}^{w,r}_{1977}$$

$$D^{r} = \hat{E}^{w,r}_{1977} - E^{w,r}_{1977}$$

Unterschiede in den drei Größen der weiblichen Arbeitsplatznachfrage bei Berücksichtigung regionaler Erwerbsquoten, bun-
desdurchschnittlicher und "erwarteter" Erwerbsquoten wurden
- für den Fall, daß die regionale Erwerbsquote unter der bundesdurchschnittlichen liegt - wie folgt berücksichtigt:

a) liegt die erwartete Erwerbsquote einer Arbeitsmarktregion
   unter der bundesdurchschnittlichen, so wird ein Drittel
   dieser Differenz der regionalen Erwerbsquote zugeschlagen.
   Seine inhaltliche Begründung findet dieses Vorgehen darin,
   daß hier einer stärkeren Beteiligung der Frauen am Erwerbsleben eine für sie ungünstige Arbeitsplatzstruktur ent-
   gegensteht, d.h. in dieser Arbeitsmarktregion sind vorwiegend Wirtschaftszweige vertreten, die im Bundesdurchschnitt nur eine geringe weibliche Erwerbsbeteiligung aufweisen. Hier ist die Regionalpolitik aufgefordert, einzu-
   greifen; da es jedoch - folgt man empirischen Befragungs-
   ergebnissen - unwahrscheinlich ist, daß in so kurzer Zeit
   sämtliche potentiellen Reserven an weiblichen Arbeitskräften durch ein strukturell verbessertes Arbeitsplatzangebot mobilisiert werden können (viele Frauen wollen
   z.B. erst arbeiten, wenn bestimmte Bedingungen wie Qualität
   der Arbeitsplätze, Teilzeitarbeitsplätze usw. erfüllt sind),
   wird nur ein Drittel des Abstandes zur Bundesquote für die
   Berechnung des Potentials angesetzt

b) liegt die regionale Erwerbsquote einer Region unter der
   Erwartungsquote, so wird die regionale Erwerbsquote um ein
   Zehntel dieser Differenz erhöht. Da hier das Erwerbsverhalten der Frauen als Erklärungsgröße für unterdurchschnitt-
   liche regionale Erwerbsquoten gilt, und die Beseitigung von
   Einstellungshemmnissen, Ausbildungshemmnissen, infrastrukturellen Engpässen (fehlende Kindergärten, schlechter Nah-
   verkehr etc.) nur längerfristig möglich ist, wird nur lo %
   dieses Potentials als bis zum Jahre 1977 mobilisierbar angesehen

c) eine Kombination der Fälle a) und b) wird berücksichtigt, wenn die regionale Erwerbsquote unter der erwarteten und diese unter der bundesdurchschnittlichen liegt. In diesem Falle treffen beide Ursachenkomplexe regional niedriger Frauenerwerbstätigkeit zusammen.

Somit ergibt sich unter den angeführten Bedingungen für das weibliche Arbeitskräftepotential folgende Gleichung:[1]

$$(13) \quad P_{1977}^{w,r} = E_{1977}^{w,r} + \alpha D^{b} + \beta D^{r}$$

$$D^{br} > 0 \qquad \longrightarrow \alpha = 0, \quad \beta = 0$$
$$D^{br} < 0, \ D^{r} < 0 \qquad \longrightarrow \alpha = 1/3, \beta = 0$$
$$D^{br} < 0, \ D^{r} > 0, \ D^{b} < 0 \longrightarrow \alpha = 0, \quad \beta = 1/10$$
$$D^{br} < 0, \ D^{r} > 0, \ D^{b} > 0 \longrightarrow \alpha = 1/3, \beta = 1/10$$

4.4 Ausländische Arbeitnehmer und regionales Arbeitskräftepotential

Gegen das in der Prognose der regionalen Arbeitsplatznachfrage angewandte Verfahren, Deutsche und Ausländer entsprechend ihrer potentiellen Erwerbsbeteiligung als zukünftiges Arbeitskräftepotential anzusehen, wird eingewandt, daß es zu einer systematischen Bevorzugung von Gebieten führen müsse, die bis 1970 eine hohe Ausländerzuwanderung zu verzeichnen hatten.[2] In den Erwerbsquoten dieser Regionen schlägt sich in entschei-

---

1) Zur Definition der Größen D^{b}, D^{r} und D^{br} vgl. die Gleichungen (10), (11) und (12)

2) Vgl. D. Biehl u.a.: Schätzung des Arbeitskräftepotentials ..., a.a.O., S. II/6 ff

dendem Maße nieder, daß die Ausländer eine besonders günstige
Altersstruktur und eine gegenüber den Deutschen höhere alters-
und geschlechtsspezifische Erwerbsbeteiligung aufweisen.[1]
Nach Biehl's Ansicht wird in diesen Regionen ein zu hohes Arbeitsplatzdefizit ausgewiesen, da in Zukunft nicht mit einem
entsprechend hohen Ausländeranteil zu rechnen sei. "Unter dem
Gesichtspunkt der regionalen Förderung neuer Arbeitsplätze
sollte daher überhaupt nur auf das inländische Arbeitskräftepotential Bezug genommen werden".[2] Diese Schlußfolgerung ist
in mehrerer Hinsicht nicht haltbar. Sie steht im Gegensatz zu
den zunehmenden Bemühungen der deutschen Ausländerpolitik,
ausländische Arbeitnehmer und ihre Familien in unsere Gesellschaft zu integrieren, und das heißt auch, in gewissem Umfang
für die Sicherung ihrer Arbeitsplätze zu sorgen.[3]

Biehl u.a. gehen offensichtlich davon aus, daß in Regionen mit
hohem Ausländeranteil und dementsprechend über dem Bundesdurchschnitt liegender Erwerbsquote Arbeitsplatzdefizite ausgewiesen
werden. In der Regel sind aber gerade die Regionen, die in der
Vergangenheit hohe Ausländerzuwanderungen zu verzeichnen hatten,
gleichzeitig auch Gebiete mit erheblichen Arbeitsplatzüber-
schüssen in 1977, also nach dem Arbeitsmarktkriterium auch
keine Fördergebiete. Bei einer reinen Inländerschätzung des
Arbeitskräftepotentials würden diese Überschüsse und damit der
Sog auf das Arbeitskräftepotential wirtschaftsschwacher und
strukturell gefährdeter Gebiete noch erheblich höher ausgewiesen und die zu bewältigenden regionalpolitischen Aufgaben
noch schwieriger dargestellt.

Einer Schätzung des Arbeitskräftepotentials nach dem Inländer-
konzept müßte sinnvollerweise auch eine ausländerbereinigte
Schätzung des regionalen Arbeitsplatzangebots gegenüberstehen.

---

1) Vgl. Erwerbsbeteiligung der Ausländer im Vergleich zur deutschen Erwerbsbevölkerung, in: Wirtschaft und Statistik, Jg.
1973, Heft 11, S. 641 ff

2) ebenda

3) Der Anteil ausländischer Arbeitnehmer, die die Bundesrepublik nicht nur als vorübergehendes Aufenthalts- und Ar-
beitsland sehen, ist relativ hoch und nimmt zu

Die gesamtwirtschaftliche und regionale Entwicklung des Arbeitsplatzangebots hätte aber nach Niveau und Struktur sicherlich einen ganz anderen Verlauf genommen, wenn nicht in der Vergangenheit die ausländischen Arbeitnehmer als Arbeitsmarktreserve zur Verfügung gestanden hätten.

Die Aufgabe kann also nicht darin bestehen, in der Prognose der Arbeitsplatznachfrage so zu tun, als habe es nie ausländische Arbeitnehmer in der BRD gegeben, sondern nur darin, einigermaßen realistische Annahmen über die zukünftige Ausländerpolitik und ihre räumlichen Wirkungen zu machen. Dazu läßt sich zur Zeit nur feststellen:

- Ausländerzuwanderungen im bisherigen Umfang wird es auch nach Lockerung des konjunkturbedingten Anwerbestops von 1973 in Zukunft nicht mehr geben

- die Bundesregierung hat im Mai 1973 ein Programm verabschiedet, durch das das Anwachsen der Ausländerzahlen in Ballungsgebieten verhindert werden soll. Gedacht ist u.a. an eine erhebliche Verteuerung der Beschäftigung ausländischer Arbeitnehmer in diesen Gebieten oder an eine an der Kapazität der sozialen Infrastruktur orientierten Plafondierung. Neben dem konjunkturbedingten Steuerungsinstrument "Anwerbestop" mit regional differenzierenden Auswirkungen - er trifft vornehmlich die Ballungsgebiete - stünde in Zukunft zusätzlich auch ein regional gezielt einsetzbares Steuerungsinstrumentarium zur Verfügung.[1)]

Über die wahrscheinlichen Auswirkungen des Einsatzes der oben beschriebenen Steuerungsinstrumente auf die regionale Arbeitsplatznachfrage in 1977 ist nur zu vermuten, daß sich einmal die Erwerbsquoten in Ausländerzuwanderungsgebieten nicht mehr

---

1) Über die genaue Ausgestaltung dieses Instrumentariums liegen noch keine Informationen vor

so entwickeln werden, wie in der Vergangenheit. Das Arbeitskräftepotential dieser Gebiete dürfte in 1977 tendenziell
niedriger sein.

Zum anderen ist - wenn auch mit größerer Unsicherheit behaftet - nicht auszuschließen, daß Unternehmen in Zukunft bei
so entscheidend veränderten Arbeitsmarktbedingungen in den
Ballungsgebieten neue Standortüberlegungen anstellen werden
und es zu verstärkten Verlagerungen und Neugründungen in den
Ballungsrandgebieten und in ländlichen Gebieten kommt. Binnen-
wanderungen von Ausländern in Verdichtungsgebiete könnten dadurch gestoppt werden, Abwanderungen von Ausländern aus Verdichtungsgebieten sind nicht ausgeschlossen (insoweit also
ein erwünschtes Abgehen von der Annahme der Nullwanderung).
Davon dürfte tendenziell eine Angleichung der Erwerbsquoten
zwischen Gebieten mit hohem Ausländeranteil und solchen mit
niedrigem Anteil ausgehen.

Jedes Verfahren, das die oben beschriebenen Wirkungen in der
Prognose quantitativ erfassen will, ist mit einer mehr oder
weniger starken Willkür behaftet. Im vorliegenden Ansatz
wurde nicht eine Korrektur der geschlechtsspezifischen Erwerbsquoten der Arbeitsmarktregionen vorgenommen, sondern die Annahme einer maßvoll gleichmäßigeren räumlichen Verteilung ausländischer Erwerbstätiger in 1977 eingeführt. Das Schätzver-
fahren umfaßt folgende Schritte:

1) es wurde der Anteil ausländischer Erwerbstätiger an den
   gesamten Erwerbstätigen in der BRD in 1970[1] ermittelt

2) es wurde die Zahl ausländischer Erwerbstätiger in den Arbeitsmarktregionen berechnet, wie sie sich bei Anlegen der
   unter 1) berechneten Bundesquote ergeben würde

---

1) Die Daten wurden der Volkszählung 1970 entnommen

3) die Differenz zwischen dieser hypothetischen Zahl ausländischer Erwerbstätiger und der tatsächlichen Zahl gibt bezogen auf die gesamten Erwerbstätigen der Region den Abstand der regionalen zur Bundesquote der Ausländerbeschäftigung an (vgl. Tabellen 5 und 5 a)

4) Arbeitsmarktregionen, deren Ausländerquote unter dem Bundesdurchschnitt liegt, erhalten einen Zuschlag in Höhe von 1/3[1] der Differenz zwischen der Zahl ausländischer Erwerbstätiger bei Anlegen der Bundesquote und der tatsächlichen Zahl, Arbeitsmarktregionen mit einer überdurchschnittlichen Quote einen entsprechenden Abschlag.

Der Korrekturfaktor läßt sich nach folgender Formel ermitteln:

$$(14) \qquad KF(r)_{1977} = \frac{1}{3} \left[A(r)_{1970} - E(r)_{1970} \cdot q_{1970} \right]$$

r = Arbeitsmarktregion
A = erwerbstätige Ausländer

q = Bundesanteil ausländischer Erwerbstätiger an den Gesamterwerbstätigen
E = Erwerbstätige insgesamt

4.5 Berücksichtigung des regionalpolitischen Ziels "Entballung" in der Prognose der Arbeitsplatznachfrage

Neben den drei Hauptzielen der regionalen Wirtschaftspolitik, interregionale Gerechtigkeit, Stabilität und gesamtwirtschaftliches Wachstum, wird in der Literatur auch häufig das Ziel

---

1) Die Drittelung resultiert daraus, daß eine weitgehende Angleichung der Quoten über drei Perioden angenommen wird, wobei die erste Periode den Zeitraum von 1970 bis 1977 umfaßt

der Entballung überverdichteter Siedlungen genannt bzw. "die
Vermeidung einer weiteren Verstärkung der Ballungstendenzen".[1]
Die Operationalisierung dieses Ziels wird erheblich erschwert,
weil es bisher noch nicht gelungen ist, anhand geeigneter
ökonomischer Kriterien - z.B. der gesamtwirtschaftlichen
Kosten und Erträge von Siedlungsverdichtungen - für die Regionen der BRD nachzuweisen, wann eine Überverdichtung vor-
liegt. Ein möglicher Ausweg bestünde darin, normativ Ober-
grenzen für die Bevölkerungsgröße und/oder -dichte eines
Raumes vorzugeben, bei deren Überschreiten vermutet wird, daß
bestimmte social-cost-Probleme wie Verkehrsstauungen, Umwelt-
beeinträchtigungen u.ä.m. ein Ausmaß annehmen, das in keinem
Verhältnis mehr zu den Erträgen der Verdichtung steht. Dieses
Vorgehen wird auch im vorliegenden Prognoseansatz gewählt.

Es wird die Annahme eingeführt, daß in Arbeitsmarktregionen

- die eine Bevölkerungsdichte von mehr als 1.ooo Einwohner
  je qkm[2] aufweisen (vgl. Tabellen 5 und 5 a)   und

- in denen in der Vergangenheit Abwanderungen festgestellt
  wurden

letztere auch bis 1977 stattfinden werden und - entgegen der
früheren Annahme einer Nullwanderung - mit dem Ziel der Entballung auch als erwünscht zugelassen werden.

Läßt man nun in der Schätzung Abwanderungen aus bestimmten Gebieten zu, so taucht sofort die Frage auf, in welche Gebiete

---

1) Vgl. R. Thoss und M. Börgel: Zwischenbericht ..., a.a.O.,
   S. 12

2) Dieser Wert wurde u.a. als Kriterium bei der Abgrenzung der
   Verdichtungsgebiete nach dem Bundesraumordnungsgesetz ver-
   wandt, vgl. G. Müller: Die Abgrenzung von Verdichtungsräumen
   nach dem Bundesraumordnungsgesetz, in: Informationen des
   Instituts für Raumordnung, 19. Jg. (1969) 1, S. 1 ff

die Abwandernden wandern werden. Es läßt sich anhand der vorliegenden Daten[1] nachweisen, daß vor allem wirtschaftlich
expandierende Verdichtungsgebiete das Ziel dieser Wanderungen
sind und nicht, wie es zieladäquat wäre, Randgebiete der Ver-
dichtungen oder ländliche Gebiete.

Eine Verteilung des Abwanderungspotentials auf die expandieren-
den Verdichtungsgebiete in Form eines Zuschlags auf ihr Arbeitskräftepotential scheidet aus, da dann der Arbeitsplatzüber-
schuß dieser Räume vermindert würde, was sich in einem im Verhältnis zu den anderen Regionen ansteigenden Arbeitskräftereservekoeffizienten ausdrücken würde. Dadurch änderte sich ver-
mutlich insgesamt die Rangordnung zwischen wachstumsstarken
und wachstumsschwachen Gebieten zu Lasten der letzteren.

Andererseits sollen normative Vorgaben für eine zukünftige
Siedlungsstruktur durch Zuschläge in Ballungsrandregionen bzw.
ländlichen Regionen vermieden werden.

Als Ausweg aus diesem Konflikt bietet sich an, es bei einem
Abschlag für überverdichtete Regionen zu belassen. Das hätte
aber die Konsistenz der Bevölkerungs- und Arbeitsplatznachfrageprognose insgesamt aufgehoben. Eine Alternative dazu besteht darin, das Abwanderungspotential so auf die nicht ver-
dichteten Arbeitsmarktregionen zu verteilen, daß die Wirkungen
auf das Arbeitsplatzdefizit und den Arbeitsmarktreservekoeffizienten möglichst gering sind. Das Korrekturverfahren umfaßt
folgende Schritte:

1) für die Arbeitsmarktregionen wird die Bevölkerungsdichte
   berechnet und solche mit einer Dichte von mehr als
   1.ooo E/qkm aussortiert

---

1) Die Wanderungsanalyse wurde mit den Daten der sogenannten
   W 13 des Statistischen Bundesamtes durchgeführt

2) für diese Arbeitsmarktregionen wird der inländische Er-
werbstätigenwanderungssaldo im Durchschnitt der Jahre 1969
bis 1971 aus den Angaben der sogenannten W 13 ermittelt[1]

3) ergibt sich ein negativer Wanderungssaldo, so wird dieser
bis 1977 fortgeschrieben und so für die betreffende Arbeitsmarktregion ein Abwanderungspotential ermittelt

4) in der ersten von drei Perioden erhielten diese Regionen
einen Abschlag auf das Arbeitskräftepotential in 1977 in
Höhe von 1/3 ihres Abwanderungspotentials

5) das Abwanderungspotential wurde auf Arbeitsmarktregionen
mit einer Bevölkerungsdichte von weniger als 100 E/qkm ver-
teilt. Verteilungsschlüssel war dabei der Bevölkerungsan-
teil dieser Regionen

Insgesamt führte die Einführung der Annahmen über die zukünftige Erwerbsbeteiligung von Ausländern und die Berücksichtigung des Ziels "Entballung" zu keinen wesentlichen
Änderungen in der Rangfolge der Arbeitsmarktregionen nach
den Arbeitsmarktreservekoeffizienten (Tabelle 9). Ein Rang-
korrelationstest nach Spearman ergibt für Klemmer-III-pur
den Wert r = + 0,984 und für Klemmer-III-mod. den Wert r =
+ 0,990, zeigt also eine nahezu vollständige positive Korre-
lation der Regionsrangzahlen an.[2]

---

1) Die Beschränkung auf die Wanderung deutscher Erwerbstätiger
erfolgte deshalb, weil in Zukunft nicht wie bisher in den
betreffenden Verdichtungsgebieten mit einer Abschwächung
bzw. Umkehrung des negativen Wanderungssaldos deutscher Erwerbstätiger durch zuwandernde Ausländer gerechnet werden
kann

2) Der Rangkorrelationskoeffizient ist + 1, wenn die Regionsrangzahlen vor und nach Einführung der speziellen Annahmen
identisch sind

III. Die regionalen Arbeitsmarktbilanzen

Bei der Erstellung regionaler Arbeitsmarktbilanzen wird das
Angebot an Arbeitsplätzen in einer Region der Nachfrage (hier:
der potentiellen Nachfrage) nach Arbeitsplätzen dieser Region
gegenübergestellt und der Saldo gebildet. Dieses Verfahren
kann aber nur dann sinnvoll angewendet werden, wenn die Ange-
bots- und Nachfragemengen vergleichbar sind. Dies ist nur dann
der Fall, wenn sich beide Seiten auf die gleiche Gesamtheit
beziehen. Da die Projektion des Arbeitsplatzangebots auf den
Ergebnissen der Arbeitsstättenzählung basiert und die Vorausschätzung der Nachfrage nach Arbeitsplätzen von der Erwerbs-
tätigenerhebung der Volkszählung ausgeht, gibt es Unterschiede
in den Erfassungsbereichen, die die Erstellung regionaler Arbeitsmarktbilanzen erschweren.

In den Werten auf der Nachfrageseite, nicht aber auf der Angebotsseite sind enthalten

- die Soldaten im Grundwehrdienst oder auf Wehrübung und die
  Berufssoldaten, die Soldaten auf Zeit sowie die Angehörigen
  des Bundesgrenzschutzes,

- die Beschäftigten bei ausländischen Streitkräften sowie bei
  diplomatischen und konsularischen Vertretungen und

- die Beschäftigten in privaten Haushalten.[1]

Um die für eine Bilanzierung notwendige Vergleichbarkeit des
Angebots und der Nachfrage zu erreichen, müssen entweder die
regionalen Zahlen für die Arbeitsplatznachfrage um die Werte
für die genannten drei Personengruppen verringert oder die

---

1) Zum Erfassungskonzept der Wohnbevölkerung und der Erwerbstätigen vgl. Statistisches Bundesamt: Ausgewählte Strukturdaten für Bund und Länder, Fachserie A, Volkszählung vom
   27. Mai 1970, H. 1, Stuttgart, Mainz 1972, S. 4 ff

Zahlen für das Arbeitsplatzangebot entsprechend erhöht werden.
Hier wurde die erste Alternative gewählt. Bei der Schätzung
der dazu notwendigen regionalen Werte wurde jeweils auf das
jüngste zur Verfügung stehende Material zurückgegriffen.[1]
Auf eine Darstellung dieses Materials sowie die Aufnahme ein-
zelner Zwischenergebnisse in den Bericht muß wegen bestehender
Geheimhaltungsauflagen verzichtet werden. Im folgenden können
daher nur die Schätzmethoden und die Endergebnisse für die dem
Erfassungskonzept der Angebotsseite angepaßten Arbeitskräfte-
potentialwerte dargestellt werden.

1. Bei der Schätzung der Angehörigen von Bundeswehr und Bundesgrenzschutz wurde davon ausgegangen, daß ihre Zahl bis
   zum Berichtszeitpunkt konstant bleibt.

   - Da für die Soldaten im Grundwehrdienst oder auf Wehr-
     übung weder für das Berichtsjahr noch für einen ver-
     gangenen Zeitpunkt regional aufgeschlüsselte Zahlen zu
     erhalten waren, mußte eine Schätzung dieser Werte vor-
     genommen werden, die dadurch erleichtert wurde, daß diese
     Personen in der Volkszählung der Gemeinde zugeordnet
     wurden, in der sie vor ihrer Einberufung wohnten. Da
     davon ausgegangen werden kann, daß es kaum regionale
     Unterschiede in der Einberufungsquote gibt, wurden die
     regionalen Schätzwerte dieses ausschließlich aus Männern
     bestehenden Personenkreises ermittelt, indem die Gesamt-
     zahl von 219.000 Soldaten dieser Gruppe[2] entsprechend
     dem regionalen Anteil an der männlichen Bevölkerung der
     BRD[3] auf die Regionen umgelegt wurde.

---

1) Die verwendeten statistischen Unterlagen konnten mit Hilfe
   des Bundesministeriums für Wirtschaft und Finanzen, des
   Bundesministeriums des Innern, des Bundesministeriums der
   Verteidigung und des Statistischen Bundesamtes beschafft
   werden

2) Vgl. Bundesminister der Verteidigung (Hrsg.): Weißbuch
   1971/1972. Zur Sicherheit der Bundesrepublik Deutschland
   und zur Entwicklung der Bundeswehr, o.O.u.J., S. 55

3) Ohne Berlin (West)

- Ein derartiges Verfahren müßte bei den Berufssoldaten und
den Soldaten auf Zeit zu Verzerrungen führen, da sie regional konzentriert an den jeweiligen Standorten erfaßt
werden. Eine eigene Umrechnung dieser Soldaten auf Regionen war dabei nicht nötig, da die regionalen Werte aus
bundeswehrinternen Statistiken (Erhebungszeit: August 1972)
zur Verfügung gestellt wurden.

- Auch bei den ebenfalls regional unterschiedlich verteilten
Angehörigen des Bundesgrenzschutz konnte auf internes, regional aufgeschlüsseltes Material zurückgegriffen werden.

2. Da die Mitglieder ausländischer Streitkräfte und Vertretungen
in der Bundesrepublik weder auf der Angebots- noch auf der
Nachfrageseite erfaßt wurden (ansonsten werden Ausländer wie
die deutsche Bevölkerung gezählt), entstehen durch diese
Personengruppen keine Verzerrungen der Bilanz. Die von diesen Institutionen auf dem inländischen Arbeitsmarkt ange-
botenen Arbeitsplätze erscheinen allerdings nicht in der
Arbeitsstättenzählung und damit ebenfalls nicht in der prognostizierten Zahl des regionalen Arbeitsplatzangebotes,
während sie in der Erwerbstätigenstatistik und somit in der
regionalisierten Nachfrageprognose enthalten sind.

- Die Zahl der deutschen Beschäftigten bei diplomatischen
und konsularischen Vertretungen war weder global noch
regional zu ermitteln. Da zu vermuten ist, daß es sich
hierbei um eine relativ kleine Zahl von Beschäftigten
handelt, die zudem vorwiegend in Regionen (z.B. Bonn,
Köln und Düsseldorf) angesiedelt sind, die für die regionale Wirtschaftspolitik nur von sekundärem Interesse sind,
wurde auf eine eigene Schätzung, die auf einer äußerst
unsicheren Basis hätte vorgenommen werden müssen, verzichtet.

- Über die Zahl der Arbeitskräfte bei den ausländischen
Streitkräften gibt es ebenfalls keine Angaben in aus-

reichender regionaler Gliederung. Nach Angaben des Bundesministeriums der Verteidigung beträgt die Zahl der
meist deutschen, zivilen Arbeitnehmer rund 12o.ooo.[1] Da
seit Mitte 1971 ein Tarifvertrag für diese Personengruppe
besteht, konnte auf die nach Ländern zusammengefaßten
Zahlen eines Tarifvertragpartners zurückgegriffen werden,
die für das Bundesgebiet und Berlin (West) insgesamt der
oben genannten Zahl entsprechen. Eine tiefere regionale
Gliederung dieser Zahlen war nicht zu erhalten. Deshalb
mußten diese Länderangaben mit Hilfe eines Schlüssels
regionalisiert werden. Da weder über die Verteilung der
Standorte noch über deren Größe und Bedarf an zivilen
Arbeitnehmern genügend Informationen zu erhalten waren,
wurde als Schlüssel die Größe der Regionen, gemessen an
den Anteilen ihrer Erwerbspersonen an den Erwerbspersonen
der BRD,[2] herangezogen. Weil die hier zugrunde gelegten
Regionen zum Teil auch die Ländergrenzen überschreiten,
mußte bei dieser Umrechnung bis auf die Kreisebene herun-
tergegangen werden. - Im übrigen wurde auch hier angenommen, daß die Zahl zwischen dem Erhebungsstichtag
(31. März 1972) und dem Berichtszeitpunkt unverändert
bleibt.

3. Zur Errechnung der Zahl der Erwerbstätigen in privaten Haushalten in den Regionen wurde auf das Material zurückgegriffen, das von den Statistischen Landesämtern auf Kreisbasis aufbereitet und nur zur Verarbeitung innerhalb der
   hier durchgeführten Rechnungen zur Verfügung gestellt wurde.
   Es handelt sich dabei um die Zahlen der Erwerbstätigen nach
   Wirtschaftsunterabteilungen (hier: Private Haushalte) und
   Stellung im Beruf aus der Volkszählung von 197o. Nur für
   das Land Hamburg lagen bis Abschluß der Berechnungen keine
   Zahlen vor. Aus diesem Grunde mußte für Hamburg eine
   Schätzung vorgenommen werden. Dazu wurde der Anteil der Be-

---

1) Vgl. Bundesminister der Verteidigung (Hrsg.): Weißbuch 1971/
   1972, a.a.O., S. 21

2) Ohne Berlin (West)

schäftigten in privaten Haushalten an den Erwerbspersonen
insgesamt in den 5 Städten, die nach Hamburg die größte
Zahl an Erwerbspersonen im Jahre 197o aufwiesen, errechnet
und auf Hamburg übertragen. Der so errechnete Schätzwert
beträgt 3.7oo Beschäftigte in privaten Haushalten.

Die Prognosewerte für das Arbeitskräftepotential wurden um die
so errechneten Werte verringert, um die Nachfragezahlen zu erhalten, die denen des Angebots gegenübergestellt werden können.

Ein Sonderproblem entsteht bei der regionalen Zuordnung der
Pendler, die die Grenze der Bundesrepublik überschreiten. Für
eine Sonderbehandlung dieser Grenzarbeitnehmer bei der Berechnung des regionalen Arbeitskräftepotentials können zwei Gründe
sprechen:

Bei der Abgrenzung der Basisregionen wurde von den arbeits-
marktmäßigen Verflechtungen ausgegangen. Dabei wurde so verfahren, daß die Regionen insgesamt genau das Territorium der
Bundesrepublik abdecken. Dieses Vorgehen hat neben der relativ
leichten Zugänglichkeit zu statistischem Material, das für die
Abgrenzung selbst und für die darauf aufbauenden, weiteren
Berechnungen notwendig ist, den Vorteil, daß Fördergebiete,
die auf der Grundlage der so abgegrenzten Basisregionen ausgewählt werden, in den Gültigkeitsbereich des Gesetzes über die
Gemeinschaftsaufgabe "Verbesserung der regionalen Wirtschaftsstruktur" fallen, d.h. daß sie auch Aktionsregionen der bundes-
republikanischen Regionalpolitik sein können. Der Nachteil besteht darin, daß Arbeitsmarktverflechtungen, die über die Bun-
desgrenze hinausgehen, zumindest im Stadium der Abgrenzung der
Basisregionen nicht berücksichtigt werden können.

Ein anderer möglicher Grund für die unterschiedliche Behandlung
der Grenzarbeitnehmer gegenüber den Pendlern innerhalb der Lan-
desgrenzen kann darin gesehen werden, daß Pendlerströme, soweit
sie Ausdruck einer regionalpolitisch unerwünschten Situation
sind, im Inland als durch regionalpolitische Maßnahmen, wie

der Schaffung von attraktiven Arbeitsplätzen in den Regionen mit Auspendlerüberschuß, beeinflußt werden können. Die Möglichkeit der Beeinflussung von Pendlerströmen aus dem Ausland in inländische Regionen ist dagegen weitaus geringer, wenn administrative Maßnahmen als ausgeschlossen gelten und die Regionalpolitik anderer Staaten als relativ unreagibel auf das Präferenzsystem der Regionalpolitik der Bundesrepublik betrachtet werden kann.

Die genannten Aspekte sprechen dafür, von dem bei Inlandspendlern angewandten Grundsatz, daß die Pendler dem Arbeitskräftepotential ihrer Wohnregion zugeordnet werden, abzugehen. Stellt man den ersten Gesichtspunkt in den Vordergrund und interpretiert starke grenzüberschreitende Pendlerströme als Indiz für eine unter Arbeitsmarktaspekten ungenaue Abgrenzung der Basisregionen, kann man von einer hypothetischen, grenzüberschreitenden Region (Gesamtarbeitsmarkt) ausgehen, um das Potential der Nachfrage nach Arbeitsplätzen in der vorliegenden, inländischen Region (Teilarbeitsmarkt) zu erfassen. Eine ausgeglichene Pendlerbilanz zwischen in- und ausländischen Teilarbeitsmärkten führt zu keiner Differenz der Nachfrage der Inländer und der Nachfrage auf dem inländischen Marktteil nach Arbeitsplätzen. Ein Einpendlerüberschuß vermehrt dagegen diese Nachfrage, so daß ohne Addition dieses Saldos zum errechneten Nachfragepotential dieses Potential zu niedrig geschätzt wäre. Ein negativer Pendlersaldo weist darauf hin, daß ein Teil der Nachfrage, die für die inländische Region geschätzt wurde, auf dem ausländischen Marktteil wirksam wird. Die Potentialschätzungen müssen also zumindest bei Regionen im grenznahen Bereich durch die Addition positiver bzw. die Subtraktion negativer Grenzpendlersalden korrigiert werden.

Die Salden der Grenzarbeitnehmer der infrage kommenden Regionen, d.h. der Regionen, die in einer Entfernung bis zu ca. 4o km von der Grenze liegen und einen nennenswerten Pendlersaldo aufweisen,[1] wurden in Tabelle 3 erfaßt.

1) So wurde z.B. Dortmund wegen seiner Entfernung zur Grenze und die Region Bodensee wegen eines unter lo liegenden Saldos nicht berücksichtigt

Tabelle 3: Grenzarbeitnehmer der grenznahen Klemmer-III-Prognoseräume pur im September 1972 (Einpendlerüberschuß)

Nr.	Prognoseraum Bezeichnung	Einpendler-überschuß	Nr.	Prognoseraum Bezeichnung	Einpendler-überschuß
1	Flensburg	125	68	Düren	395
2	Nordfriesland	99	69	Köln-Leverkusen	547
3	Schleswig	49	81	Euskirchen-Schleiden	281
17	Emden-Leer	165	1o3	Saarbrücken	9.772
26	Meppen	258	119	Karlsruhe-Baden-Baden	6.248
27	Lingen-Nordhorn-Rheine	558	12o	Landau i.d.Pfalz	256
37	Münster	495	121	Zweibrücken	652
38	Coesfeld	8	122	Pirmasens	1.171
39	Ahaus	1.126	136	Passau	3.782
4o	Bocholt	995	145	Mittelbaden	2.969
41	Wesel	746	146	Freiburg	1.53o
42	Kleve-Emmerich	919	152	München	16o
43	Krefeld	4.494	153	Mühldorf-Altötting	3.133
44	Duisburg	2.383	154	Traunstein-Bad Reichenhall	2.9o8
46	Recklinghausen	276	155	Rosenheim	827
64	Düsseldorf-Neuß-Solingen	735	156	Garmisch-Partenkirchen-Schongau-Weilheim	327
65	Mönchengladbach-Rheydt	1.63o	158	Kempten/Allgäu	566
66	Aachen	14.774	159	Lindau	1.351
67	Jülich	79o			

Stellt man den zweiten Gedankengang, der zwar von den Regionen in ihrer vorliegenden Abgrenzung ausgeht, dafür aber auf die unterschiedlichen Einflußmöglichkeiten der Träger der regionalen Wirtschaftspolitik auf inländische und ausländische Regionen hinweist, in den Vordergrund der Betrachtung, kommt man zu einer anderen, den Potentialcharakter der Ergebnisse verstärkenden, Behandlung der Einpendler als im ersten Konzept. Während ein unerwünschter Pendlerüberschuß von der Region A zur Region B durch regionalpolitische Maßnahmen in der inländischen Region A abgebaut werden kann und deshalb die Inlandspendler im vorliegenden Konzept zum Potential ihrer Wohnregion gezählt werden können, sind positive Pendlersalden aus der Region A, wenn diese im Ausland liegt, in die inländische Region B als Datum anzusehen, zumindest dann, wenn der positive Einpendlersaldo als Maßstab für die geringere Attraktivität des ausländischen gegenüber dem inländischen Arbeitsplatzangebot angesehen wird. Die Erhöhung dieser Attraktivität liegt außerhalb des Einflußbereiches der aufgrund des Gesetzes über die Gemeinschaftsaufgabe "Verbesserung der regionalen Wirtschaftsstruktur" handelnden Institutionen. Bei einem negativen Pendlersaldo kann dagegen das Arbeitsplatzangebot in der inländischen Region durch regionalpolitischen Mitteleinsatz so weit erhöht werden, daß der Pendlersaldo abgebaut werden kann.

Für das Problem der Zuordnung der Grenzpendler folgt aus diesem Konzept, daß positive Pendlersalden als Datum genommen und dem inländischen Potential zugerechnet werden, während ein nur in den Regionen Hochrhein, Konstanz und Bitburg-Prüm auftretender negativer Pendlersaldo als potentielle Zusatznachfrage auf dem inländischen Markt betrachtet wird und daher eine Verminderung der Potentialschätzung, in der diese Arbeitskräfte enthalten sind, im Gegensatz zum ersten Konzept entfällt.

Gegen das auf der zweiten Konzeption beruhende Verfahren spricht eventuell, daß für die ins Ausland pendelnden Arbeitnehmer, wenn das Setzen regionalpolitischer Prioritäten eher sozial-

politisch begründet werden soll, nicht unbedingt Arbeitsplätze
geschaffen werden müssen, da sie weder offen noch versteckt
als arbeitslos bezeichnet werden können. In Anwendung des auch
bei Inlandspendlern angewandten Grundsatzes, daß Pendler als
potentielle Nachfrager nach Arbeitsplätzen in ihrer Wohnregion
betrachtet werden, soweit wegen regionalpolitischer Zuständig-
keit davon nicht abgegangen werden muß (bei Einpendlern aus
dem Ausland), bedeutet eine Beschäftigung dieser Pendler in
der inländischen Region eine Ausschöpfung des regionalen
Potentials. Das Arbeitskräftepotential der grenznahen Regionen
wird hier also definiert als Inländerpotential der Region plus
eventuell auftretender Einpendlerüberschuß.

Eine noch weitergehende Fassung des regionalen Potentialbe-
griffs, die neben dem Inländerpotential alle einpendelnden
Ausländer zum Arbeitskräftepotential der inländischen Regionen
zählt, wurde hier nicht weiter verfolgt, weil sie aus den an-
gedeuteten Gerechtigkeitsüberlegungen für kaum vertretbar gehalten wird.

Die Darstellung der regionalen Arbeitsmarktbilanzen für die
164 bzw. 178 Regionen ist in den Tabellen 6 bis 9 a enthalten.
Die Nachfrageüberhänge sind dabei als nicht ausgeschöpfte Ar-
beitskräftepotentiale zu interpretieren, wie sie unter den
oben angegebenen Bedingungen entstehen.

Die Summen der regionalen Angebots- und Nachfrageüberhänge
können der folgenden Tabelle 4 entnommen werden. Man sieht
deutlich, daß bei der Abgrenzung nach Klemmer-III-mod., die
Elemente homogener Abgrenzungen enthält, die regionalen Dis-
paritäten schärfer zu Tage treten.

Allgemein gilt, daß ein Ausgleich der hier aufgestellten Bilanzen erfordern würde, daß Arbeitsplätze nicht in Regionen mit
prognostizierten Angebotsüberhängen in 1977 entstehen, sondern
in Regionen mit einem unausgelasteten Arbeitskräftepotential.
Danach bleiben gesamtwirtschaftlich noch 1o9.ooo Arbeitsplätze unbesetzt.

Tabelle 4: Regionale Nachfrage- und Angebotsüberhänge in den Klemmer-III-Regionen

	Klemmer-III-pur		Klemmer-III-mod.	
	ohne Annahmen über Ausländer und interregionale Wanderungen	mit Annahmen über Ausländer und interregionale Wanderungen	ohne Annahmen über Ausländer und interregionale Wanderungen	mit Annahmen über Ausländer und interregionale Wanderungen
Summe der regionalen Nachfrageüberhänge	892.000	984.000	1.082.000	1.179.000
Summe der regionalen Angebotsüberhänge	1.001.000	1.093.000	1.191.000	1.288.000
Gesamtwirtschaftlicher Angebotsüberhang	109.000	109.000	109.000	109.000

Weil davon ausgegangen werden kann, daß nicht alle Regionen,
für die hier potentielle Nachfrageüberhänge für das Jahr 1977
prognostiziert werden, zu Aktionsregionen der regionalen Wirtschaftspolitik gemacht werden können, wird die Konstruktion
einer Meßzahl vorgeschlagen, durch die das Setzen regionalpolitischer Prioritäten ermöglicht wird. Wegen der unterschiedlichen Größenverhältnisse zwischen den als Basiseinheiten zugrunde gelegten Regionen empfiehlt es sich, nicht die prognostizierten, absoluten Nachfrageüberhänge der Regionen als
Indikator für die Dringlichkeit regionalpolitischer Aktivitäten
heranzuziehen, sondern die potentiellen Nachfrageüberhänge auf
das gesamte Arbeitskräftepotential der jeweiligen Regionen zu
beziehen. Diese Größe, die hier als Arbeitskräftereservequotient bezeichnet wird, wird in den Tabellen 6 bis 9 a für
alle Regionen dargestellt.

Tabelle 5:   Frauenerwerbsquoten,[1] Ausländeranteile[2] und Bevölkerungs-
dichten[3] in den Klemmer-III-Prognoseräumen pur

Nr.	Prognoseraum		Frauen-erwerbsquote	Ausländer-anteil	Bevölkerungs-dichte	
1	FLENSBURG	I	33.8	2.2	156	I
2	NORDFRIESLAND	I	35.0	1.1	77	I
3	SCHLESWIG	I	33.2	0.7	95	I
4	HEIDE-MELDORF	I	30.4	0.7	97	I
5	KIEL-NEUMUENSTER	I	32.9	1.7	199	I
6	LUEBECK	I	32.9	2.7	259	I
7	ITZEHOE	I	32.7	1.6	125	I
8	CUXHAVEN	I	33.8	3.4	118	I
9	BREMERHAVEN	I	31.6	1.9	175	I
10	STADE-BREMERVOERDE	I	37.3	1.2	85	I
11	HAMBURG	I	38.1	4.2	430	I
12	LUENEBURG	I	34.4	1.3	118	I
13	BREMEN	I	35.3	2.6	267	I
14	UNTERWESER	I	34.6	1.9	111	I
15	OLDENBURG	I	36.3	1.1	131	I
16	WILHELMSHAVEN	I	34.3	2.6	179	I
17	EMDEN-LEER	I	32.3	1.3	123	I
18	FALLINGBOSTEL	I	37.2	3.8	66	I
19	SOLTAU	I	36.9	2.1	70	I
20	UELZEN	I	34.8	0.9	66	I
21	LUECHOW-DANNENBERG	I	36.9	0.5	42	I
22	WOLFSBURG	I	36.6	6.8	147	I
23	CELLE	I	35.7	2.3	102	I
24	NIENBURG	I	39.0	2.3	88	I
25	VECHTA-DIEPHOLZ	I	38.6	0.9	84	I
26	MEPPEN	I	36.0	2.0	74	I
27	LINGEN-NORDH.-RHEINE	I	37.5	4.1	110	I
28	OSNABRUECK	I	34.2	3.2	185	I

1) Geschätzter Anteil erwerbstätiger Frauen an der weiblichen Wohnbevölkerung im erwerbsfähigen Alter in 1977

2) Anteil ausländischer Erwerbstätiger an den Gesamterwerbstätigen 1970

3) Zahl der Einwohner pro qkm 1971

Quelle: Eigene Berechnungen aus den Ergebnissen der Volkszählung 1970
und des Statistischen Jahrbuchs 1972

29	MINDEN-LUEBBECKE	I	37.7	3.0	249	I
30	HANNOVER	I	37.1	6.1	387	I
31	BRAUNSCHWEIG-SALZG.	I	34.0	4.0	371	I
32	HILDESHEIM	I	35.3	4.4	251	I
33	HAMELN	I	35.0	4.1	210	I
34	DETMOLD-LEMGO	I	33.3	3.8	250	I
35	BIELEFELD	I	37.7	5.5	587	I
36	RHFDA-WIEBR.-GUET.	I	36.7	7.5	333	I
37	MUENSTER	I	33.9	3.8	264	I
38	COESFELD	I	34.4	1.7	157	I
39	AHAUS	I	34.6	4.5	175	I
40	BOCHOLT	I	35.2	4.0	222	I
41	WESEL	I	29.2	5.8	218	I
42	KLEVE-EMMERICH	I	29.2	8.5	216	I
43	KREFELD	I	33.7	7.2	498	I
44	DUISBURG	I	27.4	6.4	1266	I
45	ESSEN	I	27.0	3.9	3281	I
46	RECKLINGHAUSEN	I	26.2	2.9	612	I
47	BOCHUM	I	26.8	4.6	2900	I
48	DORTMUND	I	27.5	3.8	788	I
49	HAMM-BECKUM	I	30.0	5.5	389	I
50	SOEST	I	29.5	4.4	186	I
51	LIPPSTADT	I	32.3	11.9	214	I
52	PADERBORN	I	31.7	4.8	153	I
53	HOLZMINDEN-HOEXTER	I	31.1	2.8	137	I
54	HARZ	I	34.3	3.9	148	I
55	GOETTINGEN	I	36.7	3.1	185	I
56	KASSEL	I	32.7	3.4	185	I
57	KORBACH	I	39.6	2.9	81	I
58	BRILON	I	30.6	3.7	99	I
59	MESCHEDE	I	32.7	8.1	103	I
60	ARNSBERG	I	30.7	6.9	221	I
61	ISERLOHN	I	31.6	9.0	698	I

62	LUEDENSCHEID	I	36.4	10.4	355	I
63	WUPPERTAL-HAGEN	I	34.2	9.7	1447	I
64	DUESSELDORF-NEUSS-SO	I	35.5	10.4	1117	I
65	MOENCHENGLADBACH-RH	I	32.6	7.3	751	I
66	AACHEN	I	30.1	6.3	570	I
67	JUELICH	I	29.3	4.7	236	I
68	DUEREN	I	29.7	4.6	294	I
69	KOELN-LEVERKUSEN	I	33.7	9.7	1010	I
70	GUMMERSBACH	I	30.7	8.6	262	I
71	SIEGEN-HUETTENTAL	I	29.5	5.7	210	I
72	DILLENBURG	I	31.0	8.2	199	I
73	MARBURG	I	37.0	5.3	174	I
74	ALSFELD-ZIEGENHEIM	I	39.3	1.2	90	I
75	BAD HERSFELD-ROTENB	I	33.1	1.5	119	I
76	ESCHWEGE	I	35.8	1.9	125	I
77	FULDA	I	39.2	2.5	106	I
78	GIESSEN-WETZLAR	I	35.7	6.2	235	I
79	WESTERWALD	I	31.5	1.8	136	I
80	BONNN	I	32.0	5.9	363	I
81	EUSKIRCHEN-SCHLEIDEN	I	28.5	3.2	131	I
82	DAUN	I	37.7	1.0	63	I
83	COCHEM-ZELL	I	37.4	0.8	92	I
84	KOBLENZ	I	32.6	2.8	200	I
85	LIMBURG	I	30.7	3.2	250	I
86	FRANKFURT	I	39.3	12.0	580	I
87	GELNHAUSEN-SCHLUECH.	I	38.1	3.0	121	I
88	BAD NEUSTADT	I	45.9	2.1	72	I
89	COBURG	I	48.7	2.1	157	I
90	HOF	I	46.5	4.2	188	I
91	MARKTREDWITZ-WUNS	I	44.8	3.8	106	I
92	KULMBACH	I	46.2	1.0	117	I
93	BAYREUTH	I	44.3	1.8	120	I
94	BAMBERG	I	43.2	1.9	146	I

95	SCHWEINFURT	I	41.8	2.0	133	I
96	ASCHAFFENBURG	I	38.4	6.9	194	I
97	DARMSTADT	I	37.6	9.1	319	I
98	WIESBADEN-MAINZ	I	36.5	5.8	360	I
99	BAD KREUZNACH	I	36.1	3.0	171	I
100	IDAR-OBERSTEIN	I	35.8	1.4	118	I
101	TRIER	I	35.9	1.1	139	I
102	BITBURG-PRUEM	I	40.4	0.9	57	I
103	SAARBRUECKEN	I	26.6	3.5	436	I
104	KAISERSLAUTERN	I	33.7	3.7	174	I
105	LUDWIGSHAF-MANNH-HD.	I	36.7	8.9	493	I
106	BUCHEN I.ODENWALD	I	44.4	2.9	83	I
107	TAUBERKREIS	I	44.1	3.5	100	I
108	WUERZBURG	I	38.4	2.3	158	I
109	ERLANGEN-FORCHHEIM	I	46.5	5.7	174	I
110	NUERNBERG-FUERTH	I	44.4	7.9	314	I
111	NEUMARKT I.D.OPF.	I	49.1	1.8	83	I
112	WEIDEN I.D.OPF.	I	42.6	2.3	93	I
113	SCHWANDORF I.BAY.	I	40.8	1.4	101	I
114	AMBERG	I	40.4	2.0	111	I
115	ANSBACH	I	50.9	1.6	98	I
116	ROTHENBURG O.D.T.	I	51.9	2.5	66	I
117	SCHWAEB.-HALL-CRAILS	I	48.7	4.1	99	I
118	HEILBRONN	I	42.2	10.5	213	I
119	KARLSRUHE-BADEN-BAD.	I	39.0	8.5	363	I
120	LANDAU I.D.PFALZ	I	40.1	2.6	191	I
121	ZWEIBRUECKEN	I	35.3	2.1	229	I
122	PIRMASENS	I	47.0	2.5	163	I
123	PFORZHEIM	I	48.0	10.7	507	I
124	SINDELF.-BOEBL.-C.-H	I	45.8	13.7	234	I
125	STUTTGART	I	44.1	17.3	757	I
126	GOEPPINGEN	I	43.5	14.0	359	I
127	SCHWAEBISCH-GMUEND	I	46.7	9.2	251	I

128	AALEN	I	43.9	7.1	146	I
129	HEIDENHEIM-DILLING.	I	46.3	8.5	155	I
130	NOERDLINGEN	I	48.6	1.8	144	I
131	WEISSENBURG I.BAY.	I	46.3	2.9	102	I
132	INGOLSTADT	I	42.2	4.1	123	I
133	REGENSBURG	I	41.6	2.9	116	I
134	CHAM	I	44.6	0.6	82	I
135	DEGGENDORF	I	41.6	0.9	93	I
136	PASSAU	I	43.9	1.3	105	I
137	STRAUBING	I	44.6	1.2	107	I
138	LANDSHUT	I	45.5	1.8	93	I
139	DONAUWOERTH	I	47.0	2.8	92	I
140	AUGSBURG	I	44.3	6.5	162	I
141	ULM	I	44.9	8.7	154	I
142	TUEBINGEN-REUTLINGEN	I	45.8	12.3	234	I
143	BALINGEN	I	54.9	8.2	193	I
144	FREUDENSTADT	I	44.2	7.6	106	I
145	MITTELBADEN	I	44.5	5.5	138	I
146	FREIBURG	I	43.8	6.0	195	I
147	SCHWARZWALD-BAAR-HEU	I	49.7	11.8	179	I
148	SIGMARINGEN	I	50.6	6.6	87	I
149	BIBERACH	I	46.9	4.9	112	I
150	MEMMINGEN	I	47.2	5.0	124	I
151	LANDSBERG A.LECH	I	41.8	3.6	96	I
152	MUENCHEN	I	45.1	10.8	289	I
153	MUEHLDORF-ALTOETTING	I	44.4	2.6	107	I
154	TRAUNST.-BAD REICH.	I	42.8	5.7	93	I
155	ROSENHEIM	I	41.4	5.9	150	I
156	GARM.-PART.-SCHON-WH	I	41.8	7.0	86	I
157	KAUFBEUREN	I	48.0	4.0	143	I
158	KEMPTEN/ALLGAEU	I	45.6	6.2	143	I
159	LINDAU	I	46.2	9.4	180	I
160	WANGEN	I	47.3	7.1	108	I

161	BODENSEE	I	40.7	10.0	216	I
162	KONSTANZ	I	42.7	11.9	299	I
163	WALDSHUT	I	42.7	8.7	121	I
164	HOCHRHEIN	I	43.4	12.7	283	I
	Insgesamt[1]		37.5	6.5	239	

---

1) Ohne Berlin (West)

Tabelle 5 a: Frauenerwerbsquoten,[1] Ausländeranteile[2] und Bevölkerungs-
dichten[3] in den Klemmer-III-Prognoseräumen mod.

Nr.	Prognoseraum		Frauen-erwerbsquote	Ausländer-anteil	Bevölkerungs-dichte	
1	FLENSBURG	I	33.6	1.6	126	I
2	NORDFRIESLAND	I	35.0	1.1	77	I
3	HEIDE-MELDORF	I	30.4	0.7	97	I
4	KIEL-NEUMUENSTER	I	32.9	1.7	199	I
5	LUEBECK	I	33.2	3.5	1119	I
6	ITZEHOE	I	32.7	1.6	125	I
7	CUXHAVEN	I	33.8	3.4	118	I
8	BREMERHAVEN	I	31.6	1.9	175	I
9	STADE-BREMERVOERDE	I	37.3	1.2	85	I
10	HAMBURG	I	38.4	4.3	513	I
11	LUENEBURG	I	34.4	1.3	118	I
12	BREMEN	I	35.1	2.7	325	I
13	UNTERWESER	I	34.6	1.9	111	I
14	OLDENBURG	I	36.3	1.1	131	I
15	WILHELMSHAVEN	I	34.3	2.6	179	I
16	EMDEN-LEER	I	32.3	1.3	123	I
17	FALLINGBOSTEL	I	37.2	3.8	66	I
18	SOLTAU	I	37.8	1.5	69	I
19	UELZEN	I	34.8	0.9	66	I
20	LUECHOW-DANNENBERG	I	36.9	0.5	42	I
21	WOLFSBURG	I	38.7	8.7	137	I
22	CELLE	I	35.7	2.3	102	I
23	NIENBURG	I	39.0	2.3	88	I
24	VECHTA-DIEPHOLZ	I	38.7	1.1	83	I
25	MEPPEN	I	36.0	2.0	74	I
26	LINGEN-NORDH.-RHEINE	I	37.5	4.1	110	I
27	OSNABRUECK	I	34.1	4.3	352	I
28	MINDEN-LUEBBECKE	I	37.7	3.0	249	I

1) Geschätzter Anteil erwerbstätiger Frauen an der weiblichen Wohnbevölkerung im erwerbsfähigen Alter in 1977

2) Anteil ausländischer Erwerbstätiger an den Gesamterwerbstätigen 1970

3) Zahl der Einwohner pro qkm 1971

Quelle: Eigene Berechnungen aus den Ergebnissen der Volkszählung 1970
und des Statistischen Jahrbuchs 1972

29	HANNOVER	I	37.8	6.5	442	I
30	BRAUNSCHWEIG-SALZG.	I	34.0	4.0	371	I
31	HILDESHEIM	I	35.3	4.4	251	I
32	HAMELN	I	35.0	4.1	210	I
33	DETMOLD-LEMGO	I	33.3	3.8	250	I
34	BIELEFELD	I	37.7	5.5	587	I
35	RHEDA-WIEBR.-GUET.	I	36.7	7.5	333	I
36	MUENSTER	I	33.4	3.5	275	I
37	COESFELD	I	34.4	1.7	157	I
38	AHAUS	I	34.6	4.5	175	I
39	BOCHOLT	I	35.2	4.0	222	I
40	WESEL	I	29.2	5.8	218	I
41	KLEVE-EMMERICH	I	29.2	8.5	216	I
42	KREFELD	I	33.7	7.2	498	I
43	MOERS	I	27.1	6.1	856	I
44	ESSEN	I	28.1	3.5	3586	I
45	RECKLINGHAUSEN	I	25.9	4.1	1000	I
46	BOCHUM	I	27.1	3.9	2627	I
47	DORTMUND	I	27.5	4.3	2356	I
48	HAMM-BECKUM	I	30.0	5.5	389	I
49	SOEST	I	29.5	4.4	186	I
50	LIPPSTADT	I	32.3	11.9	214	I
51	PADERBORN	I	31.7	4.8	153	I
52	HOLZMINDEN-HOEXTER	I	31.1	2.8	137	I
53	HARZ	I	35.0	3.6	152	I
54	GOETTINGEN	I	36.3	3.3	185	I
55	KASSEL	I	32.6	3.7	196	I
56	KORBACH	I	39.6	2.9	81	I
57	BRILON	I	30.6	3.7	99	I
58	MESCHEDE	I	32.7	8.1	103	I
59	ARNSBERG	I	30.7	6.9	221	I
60	ISERLOHN	I	31.6	9.0	698	I
61	LUEDENSCHEID	I	36.4	10.4	355	I

62	WUPPERTAL-HAGEN	I	34.2	9.7	1447	I
63	DUESSELDORF-NEUSS-SO	I	35.5	10.4	1117	I
64	MOENCHENGLADBACH-RH	I	32.6	7.3	751	I
65	AACHEN	I	30.1	6.3	570	I
66	JUELICH	I	29.3	4.7	236	I
67	DUEREN	I	29.7	4.6	294	I
68	KOELN-LEVERKUSEN	I	33.7	9.7	1010	I
69	GUMMERSBACH	I	30.7	8.6	262	I
70	SIEGEN-HUETTENTAL	I	29.0	5.9	238	I
71	DILLENBURG	I	31.0	8.2	199	I
72	MARBURG	I	37.0	5.3	174	I
73	ALSFELD-ZIEGENHEIM	I	36.9	1.3	104	I
74	BAD HERSFELD-ROTENB	I	33.1	1.5	119	I
75	ESCHWEGE	I	35.8	1.9	125	I
76	FULDA	I	38.9	2.5	116	I
77	GIESSEN-WETZLAR	I	36.5	6.8	260	I
78	WESTERWALD	I	31.5	1.8	136	I
79	BONNN	I	32.0	5.9	363	I
80	EUSKIRCHEN-SCHLEIDEN	I	28.5	3.2	131	I
81	DAUN	I	37.7	1.0	63	I
82	COCHEM-ZELL	I	36.0	1.8	111	I
83	KOBLENZ	I	31.5	3.1	272	I
84	LIMBURG	I	30.6	2.9	198	I
85	FRANKFURT	I	39.4	12.4	688	I
86	GELNHAUSEN-SCHLUECH.	I	38.0	3.1	123	I
87	BAD NEUSTADT	I	45.0	1.6	85	I
88	COBURG	I	48.7	2.1	157	I
89	HOF	I	46.5	4.2	188	I
90	MARKTREDWITZ-WUNS	I	44.8	3.8	106	I
91	KULMBACH	I	46.2	1.0	117	I
92	BAYREUTH	I	44.3	1.8	120	I
93	BAMBERG	I	44.4	1.8	116	I
94	SCHWEINFURT	I	37.0	3.3	248	I

95	ASCHAFFENBURG	I	38.6	7.5	229	I
96	DARMSTADT	I	37.6	9.1	319	I
97	WIESBADEN-MAINZ	I	36.5	6.4	432	I
98	BAD KREUZNACH	I	36.1	3.0	171	I
99	IDAR-OBERSTEIN	I	35.8	1.4	118	I
100	TRIER	I	35.9	1.1	139	I
101	BITBURG-PRUEM	I	40.4	0.9	57	I
102	SAARBRUECKEN	I	26.6	3.5	436	I
103	KAISERSLAUTERN	I	34.3	3.2	171	I
104	LUDWIGSHAF-MANNH-HD.	I	36.4	9.1	550	I
105	BUCHEN I.ODENWALD	I	41.7	5.6	129	I
106	TAUBERKREIS	I	44.1	3.5	100	I
107	WUERZBURG	I	38.4	2.3	158	I
108	ERLANGEN-FORCHHEIM	I	45.6	6.2	214	I
109	NUERNBERG-FUERTH	I	43.6	8.6	506	I
110	NEUMARKT I.D.OPF.	I	50.0	2.0	78	I
111	WEIDEN I.D.OPF.	I	42.6	2.3	93	I
112	SCHWANDORF I.BAY.	I	40.8	1.4	101	I
113	AMBERG	I	40.4	2.0	111	I
114	ANSBACH	I	50.9	1.6	98	I
115	ROTHENBURG O.D.T.	I	51.2	1.6	72	I
116	SCHWAEB.-HALL-CRAILS	I	48.5	5.6	103	I
117	HEILBRONN	I	41.4	12.0	314	I
118	KARLSRUHE-BADEN-BAD.	I	39.0	8.5	363	I
119	LANDAU I.D.PFALZ	I	40.1	2.6	191	I
120	ZWEIBRUECKEN	I	35.3	2.1	229	I
121	PIRMASENS	I	47.0	2.5	163	I
122	PFORZHEIM	I	48.0	10.7	507	I
123	SINDELF.-BOEBL.-C.-H	I	45.8	13.7	234	I
124	STUTTGART	I	44.1	17.3	757	I
125	GOEPPINGEN	I	43.5	14.0	359	I
126	SCHWAEBISCH-GMUEND	I	46.7	9.2	251	I
127	AALEN	I	43.9	7.1	146	I

128	HEIDENHEIM-DILLING.	I	46.3	8.5	155	I
129	NOERDLINGEN	I	48.6	1.8	144	I
130	WEISSENBURG I.BAY.	I	46.3	2.9	102	I
131	INGOLSTADT	I	41.6	4.4	136	I
132	REGENSBURG	I	42.4	2.8	107	I
133	CHAM	I	44.6	0.6	82	I
134	DEGGENDORF	I	41.6	0.9	93	I
135	PASSAU	I	43.9	1.3	105	I
136	STRAUBING	I	44.6	1.2	1C7	I
137	LANDSHUT	I	45.5	1.8	93	I
138	DONAUWOERTH	I	47.0	2.8	92	I
139	AUGSBURG	I	43.4	7.2	192	I
140	ULM	I	44.4	8.5	164	I
141	TUEBINGEN-REUTLINGEN	I	44.9	13.4	358	I
142	BALINGEN	I	54.9	8.2	193	I
143	FREUDENSTADT	I	44.2	7.6	106	I
144	MITTELBADEN	I	44.5	5.5	138	I
145	FREIBURG	I	43.3	5.9	215	I
146	SCHWARZWALD-BAAR-HEU	I	49.6	12.1	221	I
147	SIGMARINGEN	I	50.7	6.8	84	I
148	BIBERACH	I	46.9	4.9	112	I
149	MEMMINGEN	I	47.2	5.0	124	I
150	LANDSBERG A.LECH	I	41.8	3.6	96	I
151	MUENCHEN	I	45.1	11.3	393	I
152	MUEHLDORF-ALTOETTING	I	44.4	2.6	107	I
153	TRAUNST.-BAD REICH.	I	42.8	5.7	93	I
154	ROSENHEIM	I	41.4	5.9	150	I
155	GARM.-PART.-SCHON-WH	I	41.8	7.0	86	I
156	KAUFBEUREN	I	46.8	3.9	116	I
157	KEMPTEN/ALLGAEU	I	46.2	6.7	179	I
158	LINDAU	I	46.2	9.4	180	I
159	WANGEN	I	47.3	7.1	108	I
160	BODENSEEE	I	40.7	10.0	216	I

161	KONSTANZ	I	42.7	11.9	299 I
162	WALDSHUT	I	42.7	8.7	121 I
163	HOCHRHEIN	I	43.4	12.7	283 I
164	HERZOGT.LAUENBURG	I	33.0	3.0	112 I
165	HELMSTEDT	I	32.9	2.8	172 I
166	TECKLENBURG	I	30.6	2.0	169 I
167	GRAF.SCH.U.SCH.LIPPE	I	32.4	3.8	212 I
168	STEINFURT	I	34.8	4.3	244 I
169	DUISBURG U MUELHEIM	I	27.8	6.8	2792 I
170	GELSENKIRCHEN	I	25.6	4.7	3344 I
171	LUED.,LUENEN U.UNNA	I	27.9	2.9	380 I
172	WITTGENSTEIN	I	34.4	3.5	93 I
173	OSTHOLSTEIN	I	32.5	1.7	127 I
174	LOHR AM MAIN	I	37.4	2.6	95 I
175	AICHACH U.SCHROBENH.	I	50.8	2.0	81 I
176	DONAUESCH.U.H.SCH.WD	I	49.4	9.5	101 I
177	WASSERBURG AM INN	I	51.7	3.3	81 I
178	BAD TOELZ U.MIESBACH	I	41.6	4.9	69 I

Insgesamt[1]   37.5   6.5   239

---

1) Ohne Berlin (West)

Tabelle 6: Prognostizierte Arbeitsmarktbilanzen für 1977 in den
Klemmer-III-Prognoseräumen pur in 1.ooo[1]

Nr.	Prognoseraum	Nach-frage	Angebot[2]	Nachfrage-überhang	Angebots-überhang	Arbeitskräfte-reservekoeff.[3]
1	FLENSBURG	62	64 I	I	2 I	-0.0275
2	NORDFRIESLAND	62	55 I	7 I	I	0.1183
3	SCHLESWIG	37	33 I	4 I	I	0.1163
4	HEIDE-MELDORF	52	46 I	6 I	I	0.1178
5	KIEL-NEUMUENSTER	275	262 I	13 I	I	0.0489
6	LUEBECK	165	163 I	2 I	I	0.0150
7	ITZEHOE	52	47 I	5 I	I	0.0928
8	CUXHAVEN	43	40 I	3 I	I	0.0662
9	BREMERHAVEN	88	84 I	4 I	I	0.0497
10	STADE-BREMERVOERDE	90	83 I	7 I	I	0.0814
11	HAMBURG	1142	1216 I	I	74 I	-0.0649
12	LUENEBURG	50	47 I	3 I	I	0.0683
13	BREMEN	415	450 I	I	35 I	-0.0849
14	UNTERWESER	41	38 I	3 I	I	0.0707
15	OLDENBURG	165	164 I	1 I	I	0.0089
16	WILHELMSHAVEN	100	92 I	8 I	I	0.0786
17	EMDEN-LEER	172	157 I	15 I	I	0.0888
18	FALLINGBOSTEL	27	28 I	I	1 I	-0.0392
19	SOLTAU	25	26 I	I	1 I	-0.0248
20	UELZEN	38	37 I	1 I	I	0.0286
21	LUECHOW-DANNENBERG	20	20 I	0 I	I	0.0088
22	WOLFSBURG	155	166 I	I	11 I	-0.0692
23	CELLE	69	60 I	9 I	I	0.1263
24	NIENBURG	44	44 I	I	0 I	-0.0005
25	VECHTA-DIEPHOLZ	69	66 I	3 I	I	0.0426
26	MEPPEN	32	30 I	2 I	I	0.0735
27	LINGEN-NORDH.-RHEINE	82	76 I	6 I	I	0.0735
28	OSNABRUECK	240	233 I	7 I	I	0.0285
29	MINDEN-LUEBBECKE	125	120 I	5 I	I	0.0385

1) Abweichungen von den Summen ergeben sich durch Auf- bzw. Abrundungen

2) Angebotsschätzung durch das Deutsche Institut für Wirtschaftsforschung
(DIW)

3) Der Arbeitskräftereservekoeffizient wurde mit nichtgerundeten Werten
der Arbeitsplatznachfrage berechnet

30	HANNOVER	542	618	I	I	76 I	-0.1398
31	BRAUNSCHWEIG-SALZG.	284	280	I	4 I	I	0.0132
32	HILDESHEIM	123	117	I	6 I	I	0.0509
33	HAMELN	55	64	I	I	9 I	-0.1728
34	DETMOLD-LEMGO	128	139	I	19 I	I	0.1478
35	BIELEFELD	270	272	I	I	2 I	-0.0078
36	RHEDA-WIEBR.-GUET.	73	77	I	I	4 I	-0.0498
37	MUENSTER	239	245	I	I	6 I	-0.0242
38	COESFELD	40	32	I	8 I	I	0.1965
39	AHAUS	50	43	I	7 I	I	0.1416
40	ROCHOLT	62	59	I	3 I	I	0.0509
41	WESEL	47	46	I	1 I	I	0.0143
42	KLEVE-EMMERICH	43	35	I	8 I	I	0.1799
43	KREFELD	242	227	I	15 I	I	0.0618
44	DUISBURG	578	480	I	98 I	I	0.1699
45	ESSEN	504	443	I	61 I	I	0.1214
46	RECKLINGHAUSEN	192	146	I	46 I	I	0.2414
47	BOCHUM	298	293	I	5 I	I	0.0180
48	DORTMUND	477	427	I	50 I	I	0.1052
49	HAMM-BECKUM	103	92	I	11 I	I	0.1064
50	SOEST	47	42	I	5 I	I	0.1132
51	LIPPSTADT	44	45	I	I	1 I	-0.0187
52	PADERBORN	83	73	I	10 I	I	0.1207
53	HOLZMINDEN-HOEXTER	70	60	I	10 I	I	0.1441
54	HARZ	122	114	I	8 I	I	0.0669
55	GOETTINGEN	142	143	I	I	1 I	-0.0097
56	KASSEL	284	288	I	I	4 I	-0.0148
57	KORBACH	63	65	I	I	2 I	-0.0295
58	BRILON	32	27	I	5 I	I	0.1496
59	MESCHEDE	29	25	I	4 I	I	0.1232
60	ARNSBERG	59	55	I	4 I	I	0.0732
61	ISERLOHN	108	101	I	7 I	I	0.0643
62	LUEDENSCHEID	107	103	I	4 I	I	0.0347

63	WUPPERTAL-HAGEN	436	447	I	I	11 I	-0.0244
64	DUESSELDORF-NEUSS-SO	807	909	I	I	102 I	-0.1262
65	MOENCHENGLADBACH-RH	148	131	I	17 I	I	0.1146
66	AACHEN	270	234	I	36 I	I	0.1325
67	JUELICH	33	35	I	I	2 I	-0.0598
68	DUEREN	63	57	I	6 I	I	0.1002
69	KOELN-LEVERKUSEN	683	766	I	I	83 I	-0.1216
70	GUMMERSBACH	60	57	I	3 I	I	0.0497
71	SIEGEN-HUETTENTAL	215	197	I	18 I	I	0.0851
72	DILLENBURG	42	47	I	I	5 I	-0.1211
73	MARBURG	97	95	I	2 I	I	0.0178
74	ALSFELD-ZIEGENHEIM	49	42	I	7 I	I	0.1403
75	BAD HERSFELD-ROTENB	54	53	I	1 I	I	0.0196
76	ESCHWEGE	27	25	I	2 I	I	0.0867
77	FULDA	109	106	I	3 I	I	0.0318
78	GIESSEN-WETZLAR	176	180	I	I	4 I	-0.0240
79	WESTERWALD	30	25	I	5 I	I	0.1642
80	BONNN	310	313	I	I	3 I	-0.0087
81	EUSKIRCHEN-SCHLEIDEN	76	53	I	23 I	I	0.2993
82	DAUN	24	24	I	I	0 I	-0.0212
83	COCHEM-ZELL	27	24	I	3 I	I	0.1047
84	KOBLENZ	300	296	I	4 I	I	0.0121
85	LIMBURG	37	34	I	3 I	I	0.0747
86	FRANKFURT	971	1164	I	I	193 I	-0.1993
87	GELNHAUSEN-SCHLUECH.	59	45	I	14 I	I	0.2350
88	BAD NEUSTADT	36	32	I	4 I	I	0.1102
89	COBURG	138	132	I	6 I	I	0.0441
90	HOF	98	103	I	I	5 I	-0.0465
91	MARKTREDWITZ-WUNS	60	56	I	4 I	I	0.0728
92	KULMBACH	37	35	I	2 I	I	0.0611
93	BAYREUTH	79	80	I	I	1 I	-0.0160
94	BAMBERG	88	83	I	5 I	I	0.0555
95	SCHWEINFURT	145	137	I	8 I	I	0.0576

96	ASCHAFFENBURG	125	122	I	3 I	I	0.0274
97	DARMSTADT	206	216	I	I	10 I	-0.0463
98	WIFSBADEN-MAINZ	346	365	I	I	19 I	-0.0545
99	BAD KREUZNACH	61	61	I	0 I	I	0.0065
100	IDAR-OBERSTEIN	37	38	I	I	1 I	-0.0173
101	TRIER	140	125	I	15 I	I	0.1056
102	BITBURG-PRUEM	39	35	I	4 I	I	0.1135
103	SAARBRUECKEN	463	429	I	34 I	I	0.0728
104	KAISERSLAUTERN	144	131	I	13 I	I	0.0882
105	LUDWIGSHAF-MANNH-HD.	775	795	I	I	20 I	-0.0253
106	BUCHEN I.ODENWALD	30	29	I	1 I	I	0.0308
107	TAUBERKREIS	57	57	I	I	0 I	-0.0064
108	WUERZBURG	177	162	I	15 I	I	0.0824
109	ERLANGEN-FORCHHEIM	131	126	I	5 I	I	0.0375
110	NUERNBERG-FUERTH	469	520	I	I	51 I	-0.1076
111	NEUMARKT I.D.OPF.	37	33	I	4 I	I	0.1119
112	WEIDEN I.D.OPF.	79	70	I	9 I	I	0.1139
113	SCHWANDORF I.BAY.	51	44	I	7 I	I	0.1420
114	AMBERG	56	51	I	5 I	I	0.0923
115	ANSBACH	96	89	I	7 I	I	0.0725
116	ROTHENBURG O.D.T.	34	32	I	2 I	I	0.0480
117	SCHWAEB.-HALL-CRAILS	64	64	I	I	0 I	-0.0068
118	HEILBRONN	210	222	I	I	12 I	-0.0590
119	KARLSRUHE-BADEN-BAD.	441	446	I	I	5 I	-0.0125
120	LANDAU I.D.PFALZ	59	54	I	5 I	I	0.0909
121	ZWEIBRUECKEN	27	28	I	I	1 I	-0.0199
122	PIRMASENS	65	61	I	4 I	I	0.0611
123	PFORZHEIM	81	90	I	I	9 I	-0.1144
124	SINDELF.-BOEBL.-C.-H	192	198	I	I	6 I	-0.0287
125	STUTTGART	931	1008	I	I	77 I	-0.0827
126	GOEPPINGEN	107	106	I	1 I	I	0.0132
127	SCHWAEBISCH-GMUEND	53	55	I	I	2 I	-0.0359
128	AALEN	74	71	I	3 I	I	0.0359

129	HEIDENHEIM-DILLING.	91	89	I	2 I		I	0.0258
130	NOERDLINGEN	24	23	I	1 I		I	0.0454
131	WEISSENBURG I.BAY.	25	23	I	2 I		I	0.0690
132	INGOLSTADT	113	115	I	I	2 I		-0.0222
133	REGENSBURG	160	159	I	1 I		I	0.0049
134	CHAM	40	37	I	3 I		I	0.0817
135	DEGGENDORF	78	75	I	3 I		I	0.0440
136	PASSAU	121	112	I	9 I		I	0.0781
137	STRAUBING	49	47	I	2 I		I	0.0311
138	LANDSHUT	116	108	I	8 I		I	0.0711
139	DONAUWOERTH	27	27	I	0 I		I	0.0114
140	AUGSBURG	254	266	I	I	12 I		-0.0468
141	ULM	223	235	I	I	12 I		-0.0519
142	TUEBINGEN-REUTLINGEN	180	183	I	I	3 I		-0.0163
143	BALINGEN	88	85	I	3 I		I	0.0322
144	FREUDENSTADT	29	31	I	I	2 I		-0.0665
145	MITTELBADEN	152	148	I	4 I		I	0.0248
146	FREIBURG	224	230	I	I	6 I		-0.0245
147	SCHWARZWALD-BAAR-HEU	197	200	I	I	3 I		-0.0139
148	SIGMARINGEN	86	80	I	6 I		I	0.0726
149	BIBERACH	54	54	I	0 I		I	0.0068
150	MEMMINGEN	64	68	I	I	4 I		-0.0548
151	LANDSBERG A.LECH	25	23	I	2 I		I	0.0741
152	MUENCHEN	1087	1163	I	I	76 I		-0.0695
153	MUEHLDORF-ALTOETTING	120	123	I	I	3 I		-0.0254
154	TRAUNST.-BAD REICH.	100	102	I	I	2 I		-0.0195
155	ROSENHEIM	78	77	I	1 I		I	0.0103
156	GARM.-PART.-SCHON-WH	76	75	I	1 I		I	0.0097
157	KAUFBEUREN	55	55	I	0 I		I	0.0042
158	KEMPTEN/ALLGAEU	98	107	I	I	9 I		-0.0934
159	LINDAU	33	33	I	I	0 I		-0.0150
160	WANGEN	38	39	I	I	1 I		-0.0379
161	BODENSEEE	94	103	I	I	9 I		-0.0904

162	KONSTANZ	120	128	I		I	8 I	-0.0683
163	WALDSHUT	33	29	I	4 I		I	0.1310
164	HOCHRHEIN	109	102	I	7 I		I	0.0664
INSGESAMT [1]		25583	25692	I	892 I	lool I		

---

1) Ohne Berlin (West)

Tabelle 6a: Prognostizierte Arbeitsmarktbilanzen für 1977 in den
Klemmer-III-Prognoseräumen mod. in 1.000

Nr.	Prognoseraum	Nach-frage	Angebot	Nachfrage-überhang	Angebots-überhang	Arbeitskräfte-reservekoeff.[1]
1	FLENSBURG	100	97 I	3 I	I	0.0264
2	NORDFRIESLAND	62	55 I	7 I	I	0.1183
3	HEIDE-MELDORF	52	46 I	6 I	I	0.1178
4	KIEL-NEUMUENSTER	275	262 I	13 I	I	0.0489
5	LUEBECK	98	107 I	I	9 I	-0.0969
6	ITZEHOE	52	47 I	5 I	I	0.0928
7	CUXHAVEN	43	40 I	3 I	I	0.0662
8	BREMERHAVEN	88	84 I	4 I	I	0.0497
9	STADE-BREMERVOERDE	90	83 I	7 I	I	0.0814
10	HAMBURG	1085	1176 I	I	91 I	-0.0843
11	LUENEBURG	50	47 I	3 I	I	0.0683
12	BREMEN	391	430 I	I	39 I	-0.0984
13	UNTERWESER	41	38 I	3 I	I	0.0707
14	OLDENBURG	165	164 I	1 I	I	0.0089
15	WILHELMSHAVEN	100	92 I	8 I	I	0.0786
16	EMDEN-LEER	172	157 I	15 I	I	0.0888
17	FALLINGBOSTEL	27	28 I	I	1 I	-0.0392
18	SOLTAU	49	46 I	3 I	I	0.0551
19	UELZEN	38	37 I	1 I	I	0.0286
20	LUECHOW-DANNENBERG	20	20 I	0 I	I	0.0088
21	WOLFSBURG	105	135 I	I	30 I	-0.2916
22	CELLE	69	60 I	9 I	I	0.1263
23	NIENBURG	44	44 I	I	0 I	-0.0005
24	VECHTA-DIEPHOLZ	117	108 I	9 I	I	0.0781
25	MEPPEN	32	30 I	2 I	I	0.0735
26	LINGEN-NORDH.-RHEINE	82	76 I	6 I	I	0.0735
27	OSNABRUECK	136	147 I	I	11 I	-0.0801
28	MINDEN-LUEBBECKE	125	120 I	5 I	I	0.0385
29	HANNOVER	474	559 I	I	85 I	-0.1803

1) Der Arbeitskräftereservekoeffizient wurde mit nichtgerundeten Werten
der Arbeitsplatznachfrage berechnet

30	BRAUNSCHWEIG-SALZG.	284	280	I	4 I	I		0.0132
31	HILDESHEIM	123	117	I	6 I	I		0.0509
32	HAMELN	55	64	I	I	9 I		-0.1728
33	DETMOLD-LEMGO	128	109	I	19 I	I		0.1478
34	BIELEFELD	270	272	I	I	2 I		-0.0078
35	RHEDA-WIEBR.-GUET.	73	77	I	I	4 I		-0.0498
36	MUENSTER	163	178	I	I	15 I		-0.0939
37	COESFELD	40	32	I	8 I	I		0.1965
38	AHAUS	50	43	I	7 I	I		0.1416
39	BOCHOLT	62	59	I	3 I	I		0.0509
40	WESEL	47	46	I	1 I	I		0.0143
41	KLEVE-EMMERICH	43	35	I	8 I	I		0.1799
42	KREFELD	242	227	I	15 I	I		0.0618
43	MOERS	310	230	I	80 I	I		0.2587
44	ESSEN	284	274	I	10 I	I		0.0363
45	RECKLINGHAUSEN	389	284	I	105 I	I		0.2699
46	BOCHUM	215	230	I	I	15 I		-0.0718
47	DORTMUND	261	261	I	I	0 I		-0.0018
48	HAMM-BECKUM	103	92	I	11 I	I		0.1064
49	SOEST	47	42	I	5 I	I		0.1132
50	LIPPSTADT	44	45	I	I	1 I		-0.0187
51	PADERBORN	83	73	I	10 I	I		0.1207
52	HOLZMINDEN-HOEXTER	70	60	I	10 I	I		0.1441
53	HARZ	140	129	I	11 I	I		0.0776
54	GOETTINGEN	124	128	I	I	4 I		-0.0327
55	KASSEL	250	263	I	I	13 I		-0.0541
56	KORBACH	63	65	I	I	2 I		-0.0295
57	BRILON	32	27	I	5 I	I		0.1496
58	MESCHEDE	29	25	I	4 I	I		0.1232
59	ARNSBERG	59	55	I	4 I	I		0.0732
60	ISERLOHN	108	101	I	7 I	I		0.0643
61	LUEDENSCHEID	107	103	I	4 I	I		0.0347
62	WUPPERTAL-HAGEN	436	447	I	I	11 I		-0.0244

63	DUESSELDORF-NEUSS-SO	807	909	I		I	102 I		-0.1262
64	MOENCHENGLADBACH-RH	148	131	I	17 I			I	0.1146
65	AACHEN	270	234	I	36 I			I	0.1325
66	JUELICH	33	35	I		I	2 I		-0.0558
67	DUEREN	63	57	I	6 I			I	0.1002
68	KOELN-LEVERKUSEN	683	766	I		I	83 I		-0.1216
69	GUMMERSBACH	60	57	I	3 I			I	0.0497
70	SIEGEN-HUETTENTAL	196	182	I	14 I			I	0.0729
71	DILLENBURG	42	47	I		I	5 I		-0.1211
72	MARBURG	97	95	I	2 I			I	0.0178
73	ALSFELD-ZIEGENHEIM	83	67	I	16 I			I	0.1943
74	BAD HERSFELD-ROTENB	54	53	I	1 I			I	0.0196
75	ESCHWEGE	27	25	I	2 I			I	0.0867
76	FULDA	101	98	I	3 I			I	0.0321
77	GIESSEN-WETZLAR	151	162	I		I	11 I		-0.0701
78	WESTERWALD	30	25	I	5 I			I	0.1642
79	BONNN	310	313	I		I	3 I		-0.0087
80	EUSKIRCHEN-SCHLEIDEN	76	53	I	23 I			I	0.2993
81	DAUN	24	24	I		I	0 I		-0.0212
82	COCHEM-ZELL	112	95	I	17 I			I	0.1531
83	KOBLENZ	214	225	I		I	11 I		-0.0502
84	LIMBURG	61	52	I	9 I			I	0.1494
85	FRANKFURT	931	1130	I		I	199 I		-0.2138
86	GELNHAUSEN-SCHLUECH.	98	79	I	19 I			I	0.1975
87	BAD NEUSTADT	82	73	I	9 I			I	0.1129
88	COBURG	138	132	I	6 I			I	0.0441
89	HOF	98	103	I		I	5 I		-0.0465
90	MARKTREDWITZ-WUNS	60	56	I	4 I			I	0.0728
91	KULMBACH	37	35	I	2 I			I	0.0611
92	BAYREUTH	79	80	I		I	1 I		-0.0160
93	BAMBERG	132	118	I	14 I			I	0.1063
94	SCHWEINFURT	58	66	I		I	8 I		-0.1478
95	ASCHAFFENBURG	110	110	I		I	0 I		-0.0027

96	DARMSTADT	206	216	I	I	10 I	-0.0463
97	WIESBADEN-MAINZ	304	338	I	I	34 I	-0.1115
98	BAD KREUZNACH	61	61	I	0 I	I	0.0065
99	IDAR-OBERSTEIN	37	38	I	I	1 I	-0.0173
100	TRIER	140	125	I	15 I	I	0.1056
101	BITBURG-PRUEM	39	35	I	4 I	I	0.1135
102	SAARBRUECKEN	463	429	I	34 I	I	0.0728
103	KAISERSLAUTERN	186	158	I	28 I	I	0.1493
104	LUDWIGSHAF-MANNH-HD.	735	760	I	I	25 I	-0.0339
105	BUCHEN I.ODENWALD	103	97	I	6 I	I	0.0583
106	TAUBERKREIS	57	57	I	I	0 I	-0.0064
107	WUERZBURG	177	162	I	15 I	I	0.0824
108	ERLANGEN-FORCHHEIM	117	114	I	3 I	I	0.0250
109	NUERNBERG-FUERTH	421	479	I	I	58 I	-0.1380
110	NEUMARKT I.D.OPF.	54	47	I	7 I	I	0.1365
111	WEIDEN I.D.OPF.	79	70	I	9 I	I	0.1139
112	SCHWANDORF I.BAY.	51	44	I	7 I	I	0.1420
113	AMBERG	56	51	I	5 I	I	0.0923
114	ANSBACH	96	89	I	7 I	I	0.0725
115	ROTHENBURG O.D.T.	85	74	I	11 I	I	0.1243
116	SCHWAEB.-HALL-CRAILS	104	105	I	I	1 I	-0.0118
117	HEILBRONN	137	148	I	I	11 I	-0.0834
118	KARLSRUHE-BADEN-BAD.	441	446	I	I	5 I	-0.0125
119	LANDAU I.D.PFALZ	59	54	I	5 I	I	0.0909
120	ZWEIBRUECKEN	27	28	I	I	1 I	-0.0199
121	PIRMASENS	65	61	I	4 I	I	0.0611
122	PFORZHEIM	81	90	I	I	9 I	-0.1144
123	SINDELF.-BOEBL.-C.-H	192	198	I	I	6 I	-0.0287
124	STUTTGART	931	1008	I	I	77 I	-0.0827
125	GOEPPINGEN	107	106	I	1 I	I	0.0132
126	SCHWAEBISCH-GMUEND	53	55	I	I	2 I	-0.0359
127	AALEN	74	71	I	3 I	I	0.0359
128	HEIDENHEIM-DILLING.	91	89	I	2 I	I	0.0258

129	NOERDLINGEN	24	23	I	1 I	I	0.0454
130	WEISSENBURG I.BAY.	25	23	I	2 I	I	0.0690
131	INGOLSTADT	104	1C9	I	I	5 I	-0.0485
132	REGENSBURG	179	174	I	5 I	I	0.0289
133	CHAM	40	37	I	3 I	I	0.0817
134	DEGGENDORF	78	75	I	3 I	I	0.0440
135	PASSAU	121	112	I	9 I	I	0.0781
136	STRAUBING	49	47	I	2 I	I	0.0311
137	LANDSHUT	116	108	I	8 I	I	0.C711
138	DONAUWOERTH	27	27	I	0 I	I	0.0114
139	AUGSBURG	218	236	I	I	18 I	-0.0835
140	ULM	198	214	I	I	16 I	-0.0781
141	TUEBINGEN-REUTLINGEN	159	164	I	I	5 I	-0.0295
142	BALINGEN	88	85	I	3 I	I	0.0322
143	FREUDENSTADT	29	31	I	I	2 I	-0.0665
144	MITTELBADEN	152	148	I	4 I	I	0.0248
145	FREIBURG	203	209	I	I	6 I	-0.0286
146	SCHWARZWALD-BAAR-HEU	160	164	I	I	4 I	-0.0281
147	SIGMARINGEN	132	120	I	12 I	I	0.0906
148	BIBERACH	54	54	I	0 I	I	0.0068
149	MEMMINGEN	64	68	I	I	4 I	-0.0548
150	LANDSBERG A.LECH	25	23	I	2 I	I	0.0741
151	MUENCHEN	1003	1087	I	I	84 I	-0.0841
152	MUEHLDORF-ALTOETTING	120	123	I	I	3 I	-0.0254
153	TRAUNST.-BAD REICH.	100	102	I	I	2 I	-0.0195
154	ROSENHEIM	78	77	I	1 I	I	0.0103
155	GARM.-PART.-SCHON-WH	76	75	I	1 I	I	0.0097
156	KAUFBEUREN	71	70	I	1 I	I	0.0134
157	KEMPTEN/ALLGAEU	82	92	I	I	10 I	-0.1201
158	LINDAU	33	33	I	I	0 I	-0.0150
159	WANGEN	38	39	I	I	1 I	-0.0379
160	BODENSEE	94	103	I	I	9 I	-0.0904
161	KONSTANZ	120	128	I	I	8 I	-0.0683

162	WALDSHUT	33	29	I	4	I		I	0.1310
163	HOCHRHEIN	109	102	I	7	I		I	0.0664
164	HERZOGT.LAUENBURG	57	40	I	17	I		I	0.3021
165	HELMSTEDT	51	31	I	20	I		I	0.3890
166	TECKLENBURG	56	44	I	12	I		I	0.2076
167	GRAF.SCH.U.SCH.LIPPE	69	59	I	10	I		I	0.1395
168	STEINFURT	76	67	I	9	I		I	0.1240
169	DUISBURG U MUELHEIM	268	250	I	18	I		I	0.0670
170	GELSENKIRCHEN	142	121	I	21	I		I	0.1455
171	LUED.,LUENEN U.UNNA	182	139	I	43	I		I	0.2372
172	WITTGENSTEIN	19	15	I	4	I		I	0.2114
173	OSTHOLSTEIN	68	56	I	12	I		I	0.1757
174	LOHR AM MAIN	16	12	I	4	I		I	0.2373
175	AICHACH U.SCHROBENH.	36	30	I	6	I		I	0.1738
176	DONAUESCH.U.H.SCH.WD	59	57	I	2	I		I	0.0347
177	WASSERBURG AM INN	26	23	I	3	I		I	0.0990
178	BAD TOELZ U.MIESBACH	48	44	I	4	I		I	0.0899

INSGESAMT [1] 25583 25692 I 1o82 I 1191 I

---

1) Ohne Berlin (West)

Tabelle 7 : Klemmer-III-Prognoseräume pur geordnet nach der Höhe
des Arbeitsmarktreservekoeffizienten

Lfd. Nr.	Nr.	Prognoseraum	Arbeitskräfte- reservekoeffizient[1]
1	81	EUSKIRCHEN-SCHLEIDEN	0.299298
2	46	RECKLINGHAUSEN	0.241437
3	87	GELNHAUSEN-SCHLUECH.	0.234975
4	38	COESFELD	0.196550
5	42	KLEVE-EMMERICH	0.179880
6	44	DUISBURG	0.169865
7	79	WESTERWALD	0.164212
8	58	BRILON	0.149632
9	34	DETMOLD-LEMGO	0.147830
10	53	HOLZMINDEN-HOEXTER	0.144132
11	113	SCHWANDORF I.BAY.	0.141982
12	39	AHAUS	0.141649
13	74	ALSFELD-ZIEGENHEIM	0.140292
14	66	AACHEN	0.132463
15	163	WALDSHUT	0.131010
16	23	CELLE	0.126262
17	59	MESCHEDE	0.123177
18	45	ESSEN	0.121372
19	52	PADERBORN	0.120690
20	2	NORDFRIESLAND	0.118319
21	4	HEIDE-MELDORF	0.117752
22	3	SCHLESWIG	0.116312
23	65	MOENCHENGLADBACH-RH	0.114590
24	112	WEIDEN I.D.OPF.	0.113927
25	102	BITBURG-PRUEM	0.113496
26	50	SOEST	0.113168
27	111	NEUMARKT I.D.OPF.	0.111895

1) Der Arbeitskräftereservekoeffizient wurde mit nichtgerundeten Werten
   der Arbeitsplatznachfrage berechnet

28	88	BAD NEUSTADT	0.110221
29	49	HAMM-BECKUM	0.106364
30	101	TRIER	0.105598
31	48	DORTMUND	0.105191
32	83	COCHEM-ZELL	0.104653
33	68	DUEREN	0.100161
34	7	ITZEHOE	0.092753
35	114	AMBERG	0.092296
36	120	LANDAU I.D.PFALZ	0.090946
37	17	EMDEN-LEER	0.088793
38	104	KAISERSLAUTERN	0.088232
39	76	ESCHWEGE	0.086678
40	71	SIEGEN-HUETTENTAL	0.085119
41	108	WUERZBURG	0.082414
42	134	CHAM	0.081745
43	10	STADE-BREMERVOERDE	0.081376
44	16	WILHELMSHAVEN	0.078610
45	136	PASSAU	0.078102
46	85	LIMBURG	0.074689
47	151	LANDSBERG A.LECH	0.074088
48	26	MEPPEN	0.073461
49	27	LINGEN-NORDH.-RHEINE	0.073454
50	60	ARNSBERG	0.073218
51	91	MARKTREDWITZ-WUNS	0.072831
52	103	SAARBRUECKEN	0.072778
53	148	SIGMARINGEN	0.072619
54	115	ANSBACH	0.072527
55	138	LANDSHUT	0.071120
56	14	UNTERWESER	0.070725
57	131	WEISSENBURG I.BAY.	0.069010
58	12	LUENEBURG	0.068302
59	54	HARZ	0.066895
60	164	HOCHRHEIN	0.066406

61	8	CUXHAVEN	0.066162
62	61	ISERLOHN	0.064311
63	43	KREFELD	0.061778
64	122	PIRMASENS	0.061110
65	92	KULMBACH	0.061074
66	95	SCHWEINFURT	0.057582
67	94	BAMBERG	0.055542
68	40	BOCHOLT	0.050942
69	32	HILDESHEIM	0.050903
70	9	BREMERHAVEN	0.049708
71	70	GUMMERSBACH	0.049682
72	5	KIEL-NEUMUENSTER	0.048863
73	116	ROTHENBURG O.D.T.	0.048024
74	130	NOERDLINGEN	0.045377
75	89	COBURG	0.044083
76	135	DEGGENDORF	0.043965
77	25	VECHTA-DIEPHOLZ	0.042608
78	29	MINDEN-LUEBBECKE	0.038517
79	109	ERLANGEN-FORCHHEIM	0.037479
80	128	AALEN	0.035851
81	62	LUEDENSCHEID	0.034669
82	143	BALINGEN	0.032178
83	77	FULDA	0.031837
84	137	STRAUBING	0.031058
85	106	BUCHEN I.ODENWALD	0.030850
86	20	UELZEN	0.028554
87	28	OSNABRUECK	0.028495
88	96	ASCHAFFENBURG	0.027426
89	129	HEIDENHEIM-DILLING.	0.025798
90	145	MITTELBADEN	0.024805
91	75	BAD HERSFELD-ROTENB	0.019647
92	47	BOCHUM	0.018018
93	73	MARBURG	0.017840

94	6	LUEBECK	0.014983
95	41	WESEL	0.014258
96	126	GOEPPINGEN	0.013205
97	31	BRAUNSCHWEIG-SALZG.	0.013158
98	84	KOBLENZ	0.012069
99	139	DONAUWOERTH	0.011431
100	155	ROSENHEIM	0.010329
101	156	GARM.-PART.-SCHON-WH	0.009684
102	15	OLDENBURG	0.008932
103	21	LUECHOW-DANNENBERG	0.008778
104	149	BIBERACH	0.006778
105	99	BAD KREUZNACH	0.006474
106	133	REGENSBURG	0.004861
107	157	KAUFBEUREN	0.004174
108	24	NIENBURG	-0.000474
109	107	TAUBERKREIS	-0.006400
110	117	SCHWAEB.-HALL-CRAILS	-0.006778
111	35	BIELEFELD	-0.007803
112	80	BONNN	-0.008728
113	55	GOETTINGEN	-0.009663
114	119	KARLSRUFE-BADEN-BAD.	-0.012460
115	147	SCHWARZWALD-BAAR-HEU	-0.013885
116	56	KASSEL	-0.014759
117	159	LINDAU	-0.015023
118	93	BAYREUTH	-0.016025
119	142	TUEBINGEN-REUTLINGEN	-0.016278
120	100	IDAR-OBERSTEIN	-0.017331
121	51	LIPPSTADT	-0.018716
122	154	TRAUNST.-BAD REICH.	-0.019455
123	121	ZWEIBRUECKEN	-0.019940
124	82	DAUN	-0.021177
125	132	INGOLSTADT	-0.022176
126	78	GIESSEN-WETZLAR	-0.024019

127	37	MUENSTER	-0.024239
128	63	WUPPERTAL-HAGEN	-0.024387
129	146	FREIBURG	-0.024536
130	19	SOLTAU	-0.024818
131	105	LUDWIGSHAF-MANNH-HD.	-0.025322
132	153	MUEHLDORF-ALTOETTING	-0.025445
133	1	FLENSBURG	-0.027535
134	124	SINDELF.-BOEBL.-C.-H	-0.028703
135	57	KORBACH	-0.029489
136	127	SCHWAEBISCH-GMUEND	-0.035877
137	160	WANGEN	-0.037883
138	18	FALLINGBOSTEL	-0.039225
139	97	DARMSTADT	-0.046318
140	90	HOF	-0.046529
141	140	AUGSBURG	-0.046778
142	36	RHEDA-WIEBR.-GUET.	-0.049773
143	141	ULM	-0.051863
144	98	WIESBADEN-MAINZ	-0.054485
145	150	MEMMINGEN	-0.054801
146	118	HEILBRONN	-0.058983
147	67	JUELICH	-0.059756
148	11	HAMBURG	-0.064938
149	144	FREUDENSTADT	-0.066493
150	162	KONSTANZ	-0.068276
151	22	WOLFSBURG	-0.069201
152	152	MUENCHEN	-0.069521
153	125	STUTTGART	-0.082659
154	13	BREMEN	-0.084859
155	161	BODENSEEE	-0.090379
156	158	KEMPTEN/ALLGAEU	-0.093443
157	110	NUERNBERG-FUERTH	-0.107618
158	123	PFORZHEIM	-0.114426
159	72	DILLENBURG	-0.121111

160	69	KOELN-LEVERKUSEN	-0.121576
161	64	DUESSELDORF-NEUSS-SO	-0.126211
162	30	HANNOVER	-0.139846
163	33	HAMELN	-0.172778
164	86	FRANKFURT	-0.199306

Tabelle 7a: Klemmer-III-Prognoseräume mod. geordnet nach der Höhe
des Arbeitskräftereservekoeffizienten

Lfd. Nr.	Nr.	Prognoseraum	Arbeitskräfte- reservekoeffizient[1]
1	165	HELMSTEDT	0.388982
2	164	HERZOGT.LAUENBURG	0.302094
3	80	EUSKIRCHEN-SCHLEIDEN	0.299298
4	45	RECKLINGHAUSEN	0.269871
5	43	MOERS	0.258729
6	174	LOHR AM MAIN	0.237331
7	171	LUED.,LUENEN U.UNNA	0.237194
8	172	WITTGENSTEIN	0.211399
9	166	TECKLENBURG	0.207612
10	86	GELNHAUSEN-SCHLUECH.	0.197526
11	37	COESFELD	0.196550
12	73	ALSFELD-ZIEGENHEIM	0.194282
13	41	KLEVE-EMMERICH	0.179880
14	173	OSTHOLSTEIN	0.175651
15	175	AICHACH U.SCHROBENH.	0.173778
16	78	WESTERWALD	0.164212
17	82	COCHEM-ZELL	0.153084
18	57	BRILON	0.149632
19	84	LIMBURG	0.149354
20	103	KAISERSLAUTERN	0.149257
21	33	DETMOLD-LEMGO	0.147830
22	170	GELSENKIRCHEN	0.145513
23	52	HOLZMINDEN-HOEXTER	0.144132
24	112	SCHWANDORF I.BAY.	0.141982
25	38	AHAUS	0.141649
26	167	GRAF.SCH.U.SCH.LIPPE	0.139538
27	110	NEUMARKT I.D.OPF.	0.136455

1) Der Arbeitskräftereservekoeffizient wurde mit nichtgerundeten Werten
der Arbeitsplatznachfrage berechnet

28	65	AACHEN	0.132463
29	162	WALDSHUT	0.131010
30	22	CELLE	0.126262
31	115	ROTHENBURG O.D.T.	0.124275
32	168	STEINFURT	0.124044
33	58	MESCHEDE	0.123177
34	51	PADERBORN	0.120690
35	2	NORDFRIESLAND	0.118319
36	3	HEIDE-MELDORF	0.117752
37	64	MOENCHENGLADBACH-RH	0.114590
38	111	WEIDEN I.D.OPF.	0.113927
39	101	BITBURG-PRUEM	0.113496
40	49	SOEST	0.113168
41	87	BAD NEUSTADT	0.112930
42	48	HAMM-BECKUM	0.106364
43	93	BAMBERG	0.106294
44	100	TRIER	0.105598
45	67	DUEREN	0.100161
46	177	WASSERBURG AM INN	0.099049
47	6	ITZEHOE	0.092753
48	113	AMBERG	0.092296
49	119	LANDAU I.D.PFALZ	0.090946
50	147	SIGMARINGEN	0.090569
51	178	BAD TOELZ U.MIESBACH	0.089889
52	16	EMDEN-LEER	0.088793
53	75	ESCHWEGE	0.086678
54	107	WUERZBURG	0.082414
55	133	CHAM	0.081745
56	9	STADE-BREMERVOERDE	0.081376
57	15	WILHELMSHAVEN	0.078610
58	24	VECHTA-DIEPHOLZ	0.078110
59	135	PASSAU	0.078102
60	53	HARZ	0.077599

61	150	LANDSBERG A.LECH	0.074088
62	25	MEPPEN	0.073461
63	26	LINGEN-NORDH.-RHEINE	0.073454
64	59	ARNSBERG	0.073218
65	70	SIEGEN-HUETTENTAL	0.072884
66	90	MARKTREDWITZ-WUNS	0.072831
67	102	SAARBRUECKEN	0.072778
68	114	ANSBACH	0.072527
69	137	LANDSHUT	0.071120
70	13	UNTERWESER	0.070725
71	130	WEISSENBURG I.BAY.	0.069010
72	11	LUENEBURG	0.068302
73	169	DUISBURG U MUELHEIM	0.066959
74	163	HOCHRHEIN	0.066406
75	7	CUXHAVEN	0.066162
76	60	ISERLOHN	C.064311
77	42	KREFELD	0.061778
78	121	PIRMASENS	0.061110
79	91	KULMBACH	0.061074
80	105	BUCHEN I.ODENWALD	0.058304
81	18	SOLTAU	0.055123
82	39	BOCHOLT	0.050942
83	31	HILDESHEIM	0.050903
84	8	BREMERHAVEN	0.049708
85	69	GUMMERSBACH	0.049682
86	4	KIEL-NEUMUENSTER	0.048863
87	129	NOERDLINGEN	0.045377
88	88	COBURG	0.044083
89	134	DEGGENDORF	0.043965
90	28	MINDEN-LUEBBECKE	0.038517
91	44	ESSEN	0.036323
92	127	AALEN	0.035851
93	61	LUEDENSCHEID	0.034669

94	176	DONAUESCH.U.H.SCH.WD	0.034651
95	142	BALINGEN	0.032178
96	76	FULDA	0.032110
97	136	STRAUBING	0.031058
98	132	REGENSBURG	0.028940
99	19	UELZEN	0.028554
100	1	FLENSBURG	0.026383
101	128	HEIDENHEIM-DILLING.	0.025798
102	108	ERLANGEN-FORCHHEIM	0.025026
103	144	MITTELBADEN	0.024805
104	74	BAD HERSFELD-ROTENB	0.019647
105	72	MARBURG	0.017840
106	40	WESEL	0.014258
107	156	KAUFBEUREN	0.013436
108	125	GOEPPINGEN	0.013205
109	30	BRAUNSCHWEIG-SALZG.	0.013158
110	138	DONAUWOERTH	0.011431
111	154	ROSENHEIM	0.010329
112	155	GARM.-PART.-SCHON-WH	0.009684
113	14	OLDENBURG	0.008932
114	20	LUECHOW-CANNENBERG	0.008778
115	148	BIBERACH	0.006778
116	98	BAD KREUZNACH	0.006474
117	23	NIENBURG	-0.000474
118	47	DORTMUND	-0.001842
119	95	ASCHAFFENBURG	-0.002679
120	106	TAUBERKREIS	-0.006400
121	34	BIELEFELD	-0.007803
122	79	BONNN	-0.008728
123	116	SCHWAEB.-HALL-CRAILS	-0.011754
124	118	KARLSRUHE-BADEN-BAD.	-0.012460
125	158	LINDAU	-0.015023
126	92	BAYREUTH	-0.016025

127	99	IDAR-OBERSTEIN	-0.017331
128	50	LIPPSTADT	-0.018716
129	153	TRAUNST.-BAD REICH.	-0.019455
130	120	ZWEIBRUECKEN	-0.019940
131	81	DAUN	-0.021177
132	62	WUPPERTAL-HAGEN	-0.024387
133	152	MUEHLDORF-ALTOETTING	-0.025445
134	146	SCHWARZWALD-BAAR-HEU	-0.028055
135	145	FREIBURG	-0.028633
136	123	SINDELF.-BOEBL.-C.-H	-0.028703
137	141	TUEBINGEN-REUTLINGEN	-0.029469
138	56	KORBACH	-0.029489
139	54	GOETTINGEN	-0.032660
140	104	LUDWIGSHAF-MANNH-HD.	-0.033874
141	126	SCHWAEBISCH-GMUEND	-0.035877
142	159	WANGEN	-0.037883
143	17	FALLINGBOSTEL	-0.039225
144	96	DARMSTADT	-0.046318
145	89	HOF	-0.046529
146	131	INGOLSTADT	-0.048521
147	35	RHEDA-WIEBR.-GUET.	-0.049773
148	83	KOBLENZ	-0.050177
149	55	KASSEL	-0.054068
150	149	MEMMINGEN	-0.054801
151	66	JUELICH	-0.059756
152	143	FREUDENSTADT	-0.066493
153	161	KONSTANZ	-0.068276
154	77	GIESSEN-WETZLAR	-0.070067
155	46	BOCHUM	-0.071810
156	140	ULM	-0.078138
157	27	OSNABRUECK	-0.080148
158	124	STUTTGART	-0.082659
159	117	HEILBRONN	-0.083393

160	139	AUGSBURG	-0.083547
161	151	MUENCHEN	-0.084103
162	10	HAMBURG	-0.084335
163	160	BODENSEEE	-0.090379
164	36	MUENSTER	-0.093944
165	5	LUEBECK	-0.096907
166	12	BREMEN	-0.098375
167	97	WIESBADEN-MAINZ	-0.111486
168	122	PFORZHEIM	-0.114426
169	157	KEMPTEN/ALLGAEU	-0.120130
170	71	DILLENBURG	-0.121111
171	68	KOELN-LEVERKUSEN	-0.121576
172	63	DUESSELDORF-NEUSS-SO	-0.126211
173	109	NUERNBERG-FUERTH	-0.137986
174	94	SCHWEINFURT	-0.147754
175	32	HAMELN	-0.172778
176	29	HANNOVER	-0.180294
177	85	FRANKFURT	-0.213830
178	21	WOLFSBURG	-0.291604

Tabelle 8: Prognostizierte Arbeitsmarktbilanzen für 1977 in den
Klemmer-III-Prognoseräumen pur unter Berücksichtigung von
Annahmen zur Ausländerbeschäftigung und zu interregionalen
Wanderungen in 1.ooo[1]

Nr.	Prognoseraum	Nachfrage	Angebot[2]	Nachfrage- Überhang	Angebots- Überhang	Arbeitskräfte- reservekoeffizient[3]
1	FLENSBURG	63	64	I	I	1 I	-0.0114
2	NORDFRIESLAND	65	55	I 10 I	I	0.1510
3	SCHLESWIG	39	33	I 6 I	I	0.1520
4	HEIDE-MELDORF	54	46	I 8 I	I	0.1514
5	KIEL-NEUMUENSTER	280	262	I 18 I	I	0.0642
6	LUEBECK	168	163	I 5 I	I	0.0276
7	ITZEHOE	53	47	I 6 I	I	0.1078
8	CUXHAVEN	43	40	I 3 I	I	0.0763
9	BREMERHAVEN	90	84	I 6 I	I	0.0644
10	STADE-BREMERVOERDE	94	83	I 11 I	I	0.1140
11	HAMBURG	1151	1216	I I	65 I	-0.0566
12	LUENEBURG	51	47	I 4 I	I	0.0846
13	BREMEN	420	450	I I	30 I	-0.0703
14	UNTERWESER	42	38	I 4 I	I	0.0850
15	OLDENBURG	168	164	I 4 I	I	0.0263
16	WILHELMSHAVEN	101	92	I 9 I	I	0.0910
17	EMDEN-LEER	175	157	I 18 I	I	0.1037
18	FALLINGBOSTEL	28	28	I I	0 I	-0.0112
19	SOLTAU	26	26	I 0 I	I	0.0116
20	UELZEN	40	37	I 3 I	I	0.0654
21	LUECHOW-DANNENBERG	21	20	I 1 I	I	0.0479
22	WOLFSBURG	155	166	I I	11 I	-0.0703
23	CELLE	70	60	I 10 I	I	0.1383
24	NIENBURG	45	44	I 1 I	I	0.0315
25	VECHTA-DIEPHOLZ	71	66	I 5 I	I	0.0769
26	MEPPEN	33	30	I 3 I	I	0.1029
27	LINGEN-NORDH.-RHEINE	83	76	I 7 I	I	0.0805
28	OSNABRUECK	242	233	I 9 I	I	0.0389
29	MINDEN-LUEBBECKE	126	120	I 6 I	I	0.0495
30	HANNOVER	543	618	I I	75 I	-0.1383
31	BRAUNSCHWEIG-SALZG.	286	280	I 6 I	I	0.0213

1) Abweichungen von den Summen ergeben sich durch Auf- bzw. Abrundungen

2) Angebotsschätzung durch das Deutsche Institut für Wirtschaftsforschung
(DIW)

3) Der Arbeitskräftereservekoeffizient wurde mit nichtgerundeten Werten
der Arbeitsplatznachfrage berechnet

32	HILDESHEIM	124	117	I		7 I		I		0.0576
33	HAMELN	55	64	I		I		9 I		-0.1635
34	DETMOLD-LEMGO	129	109	I		20 I		I		0.1555
35	BIELEFELD	271	272	I		I		1 I		-0.0044
36	RHEDA-WIEBR.-GUET.	73	77	I		I		4 I		-0.0530
37	MUENSTER	241	245	I		I		4 I		-0.0154
38	COESFELD	40	32	I		8 I		I		0.2084
39	AHAUS	50	43	I		7 I		I		0.1468
40	BOCHOLT	63	59	I		4 I		I		0.0582
41	WESEL	47	46	I		1 I		I		0.0164
42	KLEVE-EMMERICH	42	35	I		7 I		I		0.1748
43	KREFELD	241	227	I		14 I		I		0.0598
44	DUISBURG	568	480	I		88 I		I		0.1555
45	ESSEN	496	443	I		53 I		I		0.1071
46	RECKLINGHAUSEN	195	146	I		49 I		I		0.2497
47	BOCHUM	294	293	I		1 I		I		0.0048
48	DORTMUND	481	427	I		54 I		I		0.1128
49	HAMM-BECKUM	103	92	I		11 I		I		0.1093
50	SOEST	48	42	I		6 I		I		0.1192
51	LIPPSTADT	43	45	I		I		2 I		-0.0371
52	PADERBORN	83	73	I		10 I		I		0.1254
53	HOLZMINDEN-HOEXTER	71	60	I		11 I		I		0.1543
54	HARZ	123	114	I		9 I		I		0.0750
55	GOETTINGEN	143	143	I		0 I		I		0.0013
56	KASSEL	287	288	I		I		1 I		-0.0043
57	KORBACH	65	65	I		0 I		I		0.0013
58	BRILON	32	27	I		5 I		I		0.1568
59	MESCHEDE	28	25	I		3 I		I		0.1187
60	ARNSBERG	59	55	I		4 I		I		0.0722
61	ISERLOHN	107	101	I		6 I		I		0.0566
62	LUEDENSCHEID	105	103	I		2 I		I		0.0220
63	WUPPERTAL-HAGEN	430	447	I		I		17 I		-0.0399
64	DUESSELDORF-NEUSS-SO	796	909	I		I		113 I		-0.1416

65	MOENCHENGLADBACH-RH	148	131	I	17 I		I		0.1124
66	AACHEN	270	234	I	36 I		I		0.1330
67	JUELICH	33	35	I	I	2 I			-0.0537
68	DUEREN	64	57	I	7 I		I		0.1060
69	KOELN-LEVERKUSEN	675	766	I	I	91 I			-0.1341
70	GUMMERSBACH	60	57	I	3 I		I		0.0431
71	SIEGEN-HUETTENTAL	216	197	I	19 I		I		0.0875
72	DILLENBURG	42	47	I	I	5 I			-0.1274
73	MARBURG	97	95	I	2 I		I		0.0216
74	ALSFELD-ZIEGENHEIM	51	42	I	9 I		I		0.1699
75	BAD HERSFELD-ROTENB	55	53	I	2 I		I		0.0356
76	ESCHWEGE	28	25	I	3 I		I		0.1007
77	FULDA	111	106	I	5 I		I		0.0444
78	GIESSEN-WETZLAR	176	180	I	I	4 I			-0.0230
79	WESTERWALD	30	25	I	5 I		I		0.1772
80	BONNN	311	313	I	I	2 I			-0.0067
81	EUSKIRCHEN-SCHLEIDEN	76	53	I	23 I		I		0.3067
82	DAUN	24	24	I	0 I		I		0.0155
83	COCHEM-ZELL	28	24	I	4 I		I		0.1384
84	KOBLENZ	303	296	I	7 I		I		0.0243
85	LIMBURG	37	34	I	3 I		I		0.0846
86	FRANKFURT	952	1164	I	I	212 I			-0.2227
87	GELNHAUSEN-SCHLUECH.	60	45	I	15 I		I		0.2438
88	BAD NEUSTADT	37	32	I	5 I		I		0.1376
89	COBURG	140	132	I	8 I		I		0.0581
90	HOF	99	103	I	I	4 I			-0.0382
91	MARKTREDWITZ-WUNS	61	56	I	5 I		I		0.0811
92	KULMBACH	38	35	I	3 I		I		0.0779
93	BAYREUTH	80	80	I	I	0 I			-0.0001
94	BAMBERG	89	83	I	6 I		I		0.0694
95	SCHWEINFURT	148	137	I	11 I		I		0.0713
96	ASCHAFFENBURG	125	122	I	3 I		I		0.0262
97	DARMSTADT	205	216	I	I	11 I			-0.0553

98	WIESBADEN-MAINZ	347	365	I		I	18	I	-0.0521
99	BAD KREUZNACH	62	61	I	1	I		I	0.0181
100	IDAR-OBERSTEIN	38	38	I	0	I		I	0.0008
101	TRIER	142	125	I	17	I		I	0.1210
102	BITBURG-PRUEM	41	35	I	6	I		I	0.1454
103	SAARBRUECKEN	467	429	I	38	I		I	0.0810
104	KAISERSLAUTERN	145	131	I	14	I		I	0.0963
105	LUDWIGSHAF-MANNH-HD.	769	795	I		I	26	I	-0.0336
106	BUCHEN I.ODENWALD	31	29	I	2	I		I	0.0591
107	TAUBERKREIS	57	57	I	0	I		I	0.0038
108	WUERZBURG	179	162	I	17	I		I	0.0946
109	ERLANGEN-FORCHHEIM	131	126	I	5	I		I	0.0400
110	NUERNBERG-FUERTH	467	520	I		I	53	I	-0.1130
111	NEUMARKT I.D.OPF.	38	33	I	5	I		I	0.1389
112	WEIDEN I.D.OPF.	81	70	I	11	I		I	0.1409
113	SCHWANDORF I.BAY.	52	44	I	8	I		I	0.1561
114	AMBERG	57	51	I	6	I		I	0.1053
115	ANSBACH	99	89	I	10	I		I	0.1019
116	ROTHENBURG O.D.T.	35	32	I	3	I		I	0.0753
117	SCHWAEB.-HALL-CRAILS	65	64	I	1	I		I	0.0173
118	HEILBRONN	207	222	I		I	15	I	-0.0732
119	KARLSRUHE-BADEN-BAD.	438	446	I		I	8	I	-0.0190
120	LANDAU I.D.PFALZ	60	54	I	6	I		I	0.1028
121	ZWEIBRUECKEN	28	28	I		I	0	I	-0.0053
122	PIRMASENS	66	61	I	5	I		I	0.0731
123	PFORZHEIM	80	90	I		I	10	I	-0.1306
124	SINDELF.-BOEBL.-C.-H	188	198	I		I	10	I	-0.0535
125	STUTTGART	897	1008	I		I	111	I	-0.1240
126	GOEPPINGEN	105	106	I		I	1	I	-0.0124
127	SCHWAEBISCH-GMUEND	53	55	I		I	2	I	-0.0453
128	AALEN	74	71	I	3	I		I	0.0341
129	HEIDENHEIM-DILLING.	91	89	I	2	I		I	0.0195
130	NOERDLINGEN	24	23	I	1	I		I	0.0599

131	WEISSENBURG I.BAY.	25	23	I	2 I		I		0.0798
132	INGOLSTADT	113	115	I	I		2 I		-0.0142
133	REGENSBURG	162	159	I	3 I		I		0.0165
134	CHAM	42	37	I	5 I		I		0.1142
135	DEGGENDORF	81	75	I	6 I		I		0.0774
136	PASSAU	123	112	I	11 I		I		0.0927
137	STRAUBING	49	47	I	2 I		I		0.0476
138	LANDSHUT	120	108	I	12 I		I		0.1007
139	DONAUWOERTH	28	27	I	1 I		I		0.0400
140	AUGSBURG	254	266	I	I		12 I		-0.0467
141	ULM	222	235	I	I		13 I		-0.0595
142	TUEBINGEN-REUTLINGEN	177	183	I	I		6 I		-0.0358
143	BALINGEN	87	85	I	2 I		I		0.0266
144	FREUDENSTADT	29	31	I	I		2 I		-0.0705
145	MITTELBADEN	152	148	I	4 I		I		0.0279
146	FREIBURG	225	230	I	I		5 I		-0.0229
147	SCHWARZWALD-BAAR-HEU	194	200	I	I		6 I		-0.0321
148	SIGMARINGEN	88	80	I	8 I		I		0.0876
149	BIBERACH	55	54	I	1 I		I		0.0120
150	MEMMINGEN	65	68	I	I		3 I		-0.0492
151	LANDSBERG A.LECH	26	23	I	3 I		I		0.1016
152	MUENCHEN	1071	1163	I	I		92 I		-0.0857
153	MUEHLDORF-ALTOETTING	121	123	I	I		2 I		-0.0128
154	TRAUNST.-BAD REICH.	102	102	I	0 I		I		0.0007
155	ROSENHEIM	78	77	I	1 I		I		0.0124
156	GARM.-PART.-SCHON-WH	77	75	I	2 I		I		0.0258
157	KAUFBEUREN	56	55	I	1 I		I		0.0127
158	KEMPTEN/ALLGAEU	98	107	I	I		9 I		-0.0924
159	LINDAU	32	33	I	I		1 I		-0.0249
160	WANGEN	38	39	I	I		1 I		-0.0398
161	BODENSEEE	93	103	I	I		10 I		-0.1030
162	KONSTANZ	118	128	I	I		10 I		-0.0878
163	WALDSHUT	33	29	I	4 I		I		0.1249

| 164 | HOCHRHEIN | 107 | 102 | I | 5 I | | I | 0.0472 |

INSGESAMT [1]   25583   25692   I   984 I   1o93 I

---

1) Ohne Berlin (West)

Tabelle 8a: Prognostizierte Arbeitsmarktbilanzen für 1977 in den Klemmer-III-Prognoseräumen mod. unter Berücksichtigung von Annahmen zur Ausländerbeschäftigung und zu interregionalen Wanderungen in 1.ooo[1]

Nr.	Prognoseraum	Nachfrage	Angebot[2]	Nachfrage-Überhang	Angebots-Überhang	Arbeitskräfte-reservekoeffizient[3]
1	FLENSBURG	101	97	4		0.0433
2	NORDFRIESLAND	65	55	10		0.1499
3	HEIDE-MELDORF	54	46	8		0.1502
4	KIEL-NEUMUENSTER	280	262	18		0.0642
5	LUEBECK	99	107		8	-0.0858
6	ITZEHOE	53	47	6		0.1078
7	CUXHAVEN	43	40	3		0.0763
8	BREMERHAVEN	90	84	6		0.0644
9	STADE-BREMERVOERDE	94	83	11		0.1129
10	HAMBURG	1093	1176		83	-0.0760
11	LUENEBURG	51	47	4		0.0846
12	BREMEN	397	430		33	-0.0841
13	UNTERWESER	42	38	4		0.0850
14	OLDENBURG	168	164	4		0.0263
15	WILHELMSHAVEN	101	92	9		0.0910
16	EMDEN-LEER	175	157	18		0.1037
17	FALLINGBOSTEL	28	28		0	-0.0124
18	SOLTAU	50	46	4		0.0884
19	UELZEN	40	37	3		0.0641
20	LUECHOW-DANNENBERG	21	20	1		0.0466
21	WOLFSBURG	104	135		31	-0.3011
22	CELLE	70	60	10		0.1383
23	NIENBURG	45	44	1		0.0303
24	VECHTA-DIEPHOLZ	121	108	13		0.1094
25	MEPPEN	33	30	3		0.1018
26	LINGEN-NORDH.-RHEINE	83	76	7		0.0805
27	OSNABRUECK	137	147		10	-0.0724
28	MINDEN-LUEBBECKE	126	120	6		0.0495
29	HANNOVER	474	559		85	-0.1800
30	BRAUNSCHWEIG-SALZG.	286	280	6		0.0213
31	HILDESHEIM	124	117	7		0.0576

1) Abweichungen von den Summen ergeben sich durch Auf- bzw. Abrundungen

2) Angebotsschätzung durch das Deutsche Institut für Wirtschaftsforschung (DIW)

3) Der Arbeitskräftereservekoeffizient wurde mit nichtgerundeten Werten der Arbeitsplatznachfrage berechnet

32	HAMELN	55	64	I		I	9	I	-0.1635
33	DETMOLD-LEMGO	129	109	I	20	I		I	0.1555
34	BIELEFELD	271	272	I		I	1	I	-0.0044
35	RHEDA-WIEBR.-GUET.	73	77	I		I	4	I	-0.0530
36	MUENSTER	164	178	I		I	14	I	-0.0837
37	COESFELD	40	32	I	8	I		I	0.2084
38	AHAUS	50	43	I	7	I		I	0.1468
39	BOCHOLT	63	59	I	4	I		I	0.0582
40	WESEL	47	46	I	1	I		I	0.0164
41	KLEVE-EMMERICH	42	35	I	7	I		I	0.1748
42	KREFELD	241	227	I	14	I		I	0.0598
43	MOERS	311	230	I	81	I		I	0.2597
44	ESSEN	283	274	I	9	I		I	0.0306
45	RECKLINGHAUSEN	385	284	I	101	I		I	0.2631
46	BOCHUM	214	230	I		I	16	I	-0.0762
47	DORTMUND	261	261	I		I	0	I	-0.0014
48	HAMM-BECKUM	103	92	I	11	I		I	0.1093
49	SOEST	48	42	I	6	I		I	0.1192
50	LIPPSTADT	43	45	I		I	2	I	-0.0371
51	PADERBORN	83	73	I	10	I		I	0.1254
52	HOLZMINDEN-HOEXTER	71	60	I	11	I		I	0.1543
53	HARZ	141	129	I	12	I		I	0.0863
54	GOETTINGEN	125	128	I		I	3	I	-0.0220
55	KASSEL	252	263	I		I	11	I	-0.0442
56	KORBACH	65	65	I	0	I		I	0.0001
57	BRILON	32	27	I	5	I		I	0.1568
58	MESCHEDE	28	25	I	3	I		I	0.1187
59	ARNSBERG	59	55	I	4	I		I	0.0722
60	ISERLOHN	107	101	I	6	I		I	0.0566
61	LUEDENSCHEID	105	103	I	2	I		I	0.0220
62	WUPPERTAL-HAGEN	430	447	I		I	17	I	-0.0399
63	DUESSELDORF-NEUSS-SO	796	909	I		I	113	I	-0.1416
64	MOENCHENGLADBACH-RH	148	131	I	17	I		I	0.1124

65	AACHEN	270	234	I	36 I		I	0.1330
66	JUELICH	33	35	I	I	2 I		-0.0537
67	DUEREN	64	57	I	7 I		I	0.1060
68	KOELN-LEVERKUSEN	675	766	I	I	91 I		-0.1341
69	GUMMERSBACH	60	57	I	3 I		I	0.0431
70	SIEGEN-HUETTENTAL	197	182	I	15 I		I	0.0746
71	DILLENBURG	42	47	I	I	5 I		-0.1274
72	MARBURG	97	95	I	2 I		I	0.0216
73	ALSFELD-ZIEGENHEIM	85	67	I	18 I		I	0.2082
74	BAD HERSFELD-ROTENB	55	53	I	2 I		I	0.0356
75	ESCHWEGE	28	25	I	3 I		I	0.1007
76	FULDA	103	98	I	5 I		I	0.0448
77	GIESSEN-WETZLAR	151	162	I	I	11 I		-0.0710
78	WESTERWALD	30	25	I	5 I		I	0.1772
79	BONNN	311	313	I	I	2 I		-0.0067
80	EUSKIRCHEN-SCHLEIDEN	76	53	I	23 I		I	0.3067
81	DAUN	24	24	I	0 I		I	0.0143
82	COCHEM-ZELL	114	95	I	19 I		I	0.1663
83	KOBLENZ	217	225	I	I	8 I		-0.0381
84	LIMBURG	62	52	I	10 I		I	0.1591
85	FRANKFURT	912	1130	I	I	218 I		-0.2391
86	GELNHAUSEN-SCHLUECH.	100	79	I	21 I		I	0.2064
87	BAD NEUSTADT	85	73	I	12 I		I	0.1413
88	COBURG	140	132	I	8 I		I	0.0581
89	HOF	99	103	I	I	4 I		-0.0382
90	MARKTREDWITZ-WUNS	61	56	I	5 I		I	0.0811
91	KULMBACH	38	35	I	3 I		I	0.0779
92	BAYREUTH	80	80	I	I	0 I		-0.0001
93	BAMBERG	134	118	I	16 I		I	0.1197
94	SCHWEINFURT	58	66	I	I	8 I		-0.1360
95	ASCHAFFENBURG	109	110	I	I	1 I		-0.0059
96	DARMSTADT	205	216	I	I	11 I		-0.0553
97	WIESBADEN-MAINZ	304	338	I	I	34 I		-0.1111

98	BAD KREUZNACH	62	61	I	1	I		I	0.0181
99	IDAR-OBERSTEIN	38	38	I	0	I		I	0.0008
100	TRIER	142	125	I	17	I		I	0.1210
101	BITBURG-PRUEM	41	35	I	6	I		I	0.1444
102	SAARBRUECKEN	467	429	I	38	I		I	0.0810
103	KAISERSLAUTERN	188	158	I	30	I		I	0.1582
104	LUDWIGSHAF-MANNH-HD.	729	760	I		I	31	I	-0.0427
105	BUCHEN I.ODENWALD	103	97	I	6	I		I	0.0611
106	TAUBERKREIS	57	57	I	0	I		I	0.0038
107	WUERZBURG	179	162	I	17	I		I	0.0946
108	ERLANGEN-FORCHHEIM	117	114	I	3	I		I	0.0259
109	NUERNBERG-FUERTH	418	479	I		I	61	I	-0.1463
110	NEUMARKT I.D.OPF.	56	47	I	9	I		I	0.1614
111	WEIDEN I.D.OPF.	81	70	I	11	I		I	0.1398
112	SCHWANDORF I.BAY.	52	44	I	8	I		I	0.1561
113	AMBERG	57	51	I	6	I		I	0.1053
114	ANSBACH	99	89	I	10	I		I	0.1009
115	ROTHENBURG O.D.T.	87	74	I	13	I		I	0.1509
116	SCHWAEB.-HALL-CRAILS	104	105	I		I	1	I	-0.0088
117	HEILBRONN	134	148	I		I	14	I	-0.1035
118	KARLSRUHE-BADEN-BAD.	438	446	I		I	8	I	-0.0190
119	LANDAU I.D.PFALZ	60	54	I	6	I		I	0.1028
120	ZWEIBRUECKEN	28	28	I		I	0	I	-0.0053
121	PIRMASENS	66	61	I	5	I		I	0.0731
122	PFORZHEIM	80	90	I		I	10	I	-0.1306
123	SINDELF.-BOEBL.-C.-H	188	198	I		I	10	I	-0.0535
124	STUTTGART	897	1008	I		I	111	I	-0.1240
125	GOEPPINGEN	105	106	I		I	1	I	-0.0124
126	_SCHWAEBISCH-GMUEND	53	55	I		I	2	I	-0.0453
127	AALEN	74	71	I	3	I		I	0.0341
128	HEIDENHEIM-DILLING.	91	89	I	2	I		I	0.0195
129	NOERDLINGEN	24	23	I	1	I		I	0.0599
130	WEISSENBURG I.BAY.	25	23	I	2	I		I	0.0798

131	INGOLSTADT	105	109	I		I		4 I	-0.0412
132	REGENSBURG	181	174	I	7 I		I		0.0406
133	CHAM	42	37	I	5 I		I		0.1131
134	DEGGENDORF	81	75	I	6 I		I		0.0763
135	PASSAU	123	112	I	11 I		I		0.0927
136	STRAUBING	49	47	I	2 I		I		0.0476
137	LANDSHUT	120	108	I	12 I		I		0.0996
138	DONAUWOERTH	28	27	I	1 I		I		0.0389
139	AUGSBURG	217	236	I		I	19 I		-0.0861
140	ULM	197	214	I		I	17 I		-0.0854
141	TUEBINGEN-REUTLINGEN	156	164	I		I	8 I		-0.0531
142	BALINGEN	87	85	I	2 I		I		0.0266
143	FREUDENSTADT	29	31	I		I	2 I		-0.0705
144	MITTELBADEN	152	148	I	4 I		I		0.0279
145	FREIBURG	204	209	I		I	5 I		-0.0265
146	SCHWARZWALD-BAAR-HEU	157	164	I		I	7 I		-0.0476
147	SIGMARINGEN	134	120	I	14 I		I		0.1036
148	BIBERACH	55	54	I	1 I		I		0.0120
149	MEMMINGEN	65	68	I		I	3 I		-0.0492
150	LANDSBERG A.LECH	26	23	I	3 I		I		0.1004
151	MUENCHEN	986	1087	I		I	101 I		-0.1027
152	MUEHLDORF-ALTOETTING	121	123	I		I	2 I		-0.0128
153	TRAUNST.-BAD REICH.	102	102	I		I	0 I		-0.0005
154	ROSENHEIM	78	77	I	1 I		I		0.0124
155	GARM.-PART.-SCHON-WH	77	75	I	2 I		I		0.0246
156	KAUFBEUREN	72	70	I	2 I		I		0.0222
157	KEMPTEN/ALLGAEU	82	92	I		I	10 I		-0.1210
158	LINDAU	32	33	I		I	1 I		-0.0249
159	WANGEN	38	39	I		I	1 I		-0.0398
160	BODENSEEE	93	103	I		I	10 I		-0.1030
161	KONSTANZ	118	128	I		I	10 I		-0.0878
162	WALDSHUT	33	29	I	4 I		I		0.1249
163	HOCHRHEIN	107	102	I	5 I		I		0.0472

164	HERZOGT.LAUENBURG	58	40	I	18 I		I	0.3104
165	HELMSTEDT	51	31	I	20 I		I	0.3962
166	TECKLENBURG	56	44	I	12 I		I	0.2186
167	GRAF.SCH.U.SCH.LIPPE	69	59	I	10 I		I	0.1472
168	STEINFURT	77	67	I	10 I		I	0.1302
169	DUISBURG U MUELHEIM	261	250	I	11 I		I	0.0410
170	GELSENKIRCHEN	137	121	I	16 I		I	0.1143
171	LUED.,LUENEN U.UNNA	184	139	I	45 I		I	0.2456
172	WITTGENSTEIN	19	15	I	4 I		I	0.2189
173	OSTHOLSTEIN	69	56	I	13 I		I	0.1894
174	LOHR AM MAIN	16	12	I	4 I		I	0.2592
175	AICHACH U.SCHROBENH.	37	30	I	7 I		I	0.1978
176	DONAUESCH.U.H.SCH.WD	58	57	I	1 I		I	0.0252
177	WASSERBURG AM INN	26	23	I	3 I		I	0.1218
178	BAD TOELZ U.MIESBACH	49	44	I	5 I		I	0.1097

INSGESAMT [1)] 25583 25692 I 1179 I 1288 I

---

1) Ohne Berlin (West)

Tabelle 9:   Klemmer-III-Prognoseräume pur unter Berücksichtigung von
Annahmen zur Ausländerbeschäftigung und zu interregionalen
Wanderungen geordnet nach der Höhe der Arbeitsmarktreserve-
koeffizienten

Lfd. Nr.	Nr.		Arbeitskräfte- reservekoeffizient 1)
1	81	EUSKIRCHEN-SCHLEIDEN	0.306687
2	46	RECKLINGHAUSEN	0.249738
3	87	GELNHAUSEN-SCHLUECH.	0.243760
4	38	COESFELD	0.208426
5	79	WESTERWALD	0.177171
6	42	KLEVE-EMMERICH	0.174759
7	74	ALSFELD-ZIEGENHEIM	0.169943
8	58	BRILON	0.156786
9	113	SCHWANDORF I.BAY.	0.156141
10	44	DUISBURG	0.155534
11	34	DETMOLD-LEMGO	0.155479
12	53	HOLZMINDEN-HOEXTER	0.154338
13	3	SCHLESWIG	0.151956
14	4	HEIDE-MELDORF	0.151352
15	2	NORDFRIESLAND	0.150975
16	39	AHAUS	0.146801
17	102	BITBURG-PRUEM	0.145428
18	112	WEIDEN I.D.OPF.	0.140865
19	111	NEUMARKT I.D.OPF.	0.138868
20	83	COCHEM-ZELL	0.138408
21	23	CELLE	0.138269
22	88	BAD NEUSTADT	0.137565
23	66	AACHEN	0.133016
24	52	PADERBORN	0.125398
25	163	WALDSHUT	0.124884
26	101	TRIER	0.120971
27	50	SOEST	0.119224
28	59	MESCHEDE	0.118668

1) Der Arbeitsmarktreservekoeffizient wurde mit nichtgerundeten Werten
   der Arbeitsplatznachfrage berechnet

29	134	CHAM	0.114151
30	10	STADE-BREMERVOERDE	0.113987
31	48	DORTMUND	0.112761
32	65	MOENCHENGLADBACH-RH	0.112415
33	49	HAMM-BECKUM	0.109283
34	7	ITZEHOE	0.107782
35	45	ESSEN	0.107109
36	68	DUEREN	0.106010
37	114	AMBERG	0.105343
38	17	EMDEN-LEER	0.103740
39	26	MEPPEN	0.102922
40	120	LANDAU I.D.PFALZ	0.102819
41	115	ANSBACH	0.101879
42	151	LANDSBERG A.LECH	0.101553
43	138	LANDSHUT	0.100686
44	76	ESCHWEGE	0.100669
45	104	KAISERSLAUTERN	0.096323
46	108	WUERZBURG	0.094635
47	136	PASSAU	0.092718
48	16	WILHELMSHAVEN	0.091029
49	148	SIGMARINGEN	0.087551
50	71	SIEGEN-HUETTENTAL	0.087483
51	14	UNTERWESER	0.084969
52	12	LUENEBURG	0.084647
53	85	LIMBURG	0.084608
54	91	MARKTREDWITZ-WUNS	0.081075
55	103	SAARBRUECKEN	0.080967
56	27	LINGEN-NORDH.-RHEINE	0.080487
57	131	WEISSENBURG I.BAY.	0.079842
58	92	KULMBACH	0.077925
59	135	DEGGENDORF	0.077370
60	25	VECHTA-DIEPHOLZ	0.076900
61	8	CUXHAVEN	0.076310

62	116	ROTHENBURG O.D.T.	0.075270
63	54	HARZ	0.075046
64	122	PIRMASENS	0.073071
65	60	ARNSBERG	0.072172
66	95	SCHWEINFURT	0.071273
67	94	BAMBERG	0.069370
68	20	UELZEN	0.065379
69	9	BREMERHAVEN	0.064370
70	5	KIEL-NEUMUENSTER	0.064217
71	130	NOERDLINGEN	0.059945
72	43	KREFELD	0.059789
73	106	BUCHEN I.ODENWALD	0.059098
74	40	BOCHOLT	0.058227
75	89	COBURG	0.058108
76	32	HILDESHEIM	0.057550
77	61	ISERLOHN	0.056622
78	29	MINDEN-LUEBBECKE	0.049484
79	21	LUECHOW-DANNENBERG	0.047854
80	137	STRAUBING	0.047565
81	164	HOCHRHEIN	0.047175
82	77	FULDA	0.044442
83	70	GUMMERSBACH	0.043089
84	109	ERLANGEN-FORCHHEIM	0.040021
85	139	DONAUWOERTH	0.040019
86	28	OSNABRUECK	0.038855
87	75	BAD HERSFELD-ROTENB	0.035619
88	128	AALEN	0.034121
89	24	NIENBURG	0.031510
90	145	MITTELBADEN	0.027857
91	6	LUEBECK	0.027606
92	143	BALINGEN	0.026580
93	15	OLDENBURG	0.026315
94	96	ASCHAFFENBURG	0.026227

95	156	GARM.-PART.-SCHON-WH	0.025822
96	84	KOBLENZ	0.024280
97	62	LUEDENSCHEID	0.021956
98	73	MARBURG	0.021600
99	31	BRAUNSCHWEIG-SALZG.	0.021254
100	129	HEIDENHEIM-DILLING.	0.019525
101	99	BAD KREUZNACH	0.018055
102	117	SCHWAEB.-HALL-CRAILS	0.017314
103	133	REGENSBURG	0.016544
104	41	WESEL	0.016435
105	82	DAUN	0.015543
106	157	KAUFBEUREN	0.012657
107	155	ROSENHEIM	0.012362
108	149	BIBERACH	0.011983
109	19	SOLTAU	0.011618
110	47	BOCHUM	0.004804
111	107	TAUBERKREIS	0.003803
112	57	KORBACH	0.001309
113	55	GOETTINGEN	0.001289
114	100	IDAR-OBERSTEIN	0.000822
115	154	TRAUNST.-BAD REICH.	0.000659
116	93	BAYREUTH	-0.000149
117	56	KASSEL	-0.004262
118	35	BIELEFELD	-0.004366
119	121	ZWEIBRUECKEN	-0.005306
120	80	BONNN	-0.006682
121	18	FALLINGBOSTEL	-0.011163
122	1	FLENSBURG	-0.011439
123	126	GOEPPINGEN	-0.012436
124	153	MUEHLDORF-ALTOETTING	-0.012809
125	132	INGOLSTADT	-0.014236
126	37	MUENSTER	-0.015414
127	119	KARLSRUHE-BADEN-BAD.	-0.018972

128	146	FREIBURG	-0.022885
129	78	GIESSEN-WETZLAR	-0.022998
130	159	LINDAU	-0.024916
131	147	SCHWARZWALD-BAAR-HEU	-0.032115
132	105	LUDWIGSHAF-MANNH-HD.	-0.033583
133	142	TUEBINGEN-REUTLINGEN	-0.035794
134	51	LIPPSTADT	-0.037084
135	90	HOF	-0.038151
136	160	WANGEN	-0.039782
137	63	WUPPERTAL-HAGEN	-0.039930
138	127	SCHWAEBISCH-GMUEND	-0.045344
139	140	AUGSBURG	-0.046661
140	150	MEMMINGEN	-0.049247
141	98	WIESBADEN-MAINZ	-0.052077
142	36	RHEDA-WIEBR.-GUET.	-0.053012
143	124	SINDELF.-BOEBL.-C.-H	-0.053541
144	67	JUELICH	-0.053683
145	97	DARMSTADT	-0.055298
146	11	HAMBURG	-0.056560
147	141	ULM	-0.059471
148	22	WOLFSBURG	-0.070272
149	13	BREMEN	-0.070324
150	144	FREUDENSTADT	-0.070505
151	118	HEILBRONN	-0.073229
152	152	MUENCHEN	-0.085710
153	162	KONSTANZ	-0.087777
154	158	KEMPTEN/ALLGAEU	-0.092378
155	161	BODENSEEE	-0.102990
156	110	NUERNBERG-FUERTH	-0.113040
157	125	STUTTGART	-0.123980
158	72	DILLENBURG	-0.127394
159	123	PFORZHEIM	-0.130623
160	69	KOELN-LEVERKUSEN	-0.134055

161	30	HANNOVER	-0.138329
162	64	DUESSELDORF-NEUSS-SO	-0.141586
163	33	HAMELN	-0.163544
164	86	FRANKFURT	-0.222651

Tabelle 9a: Klemmer-III-Prognoseräume mod. unter Berücksichtigung von
Annahmen zur Ausländerbeschäftigung und zu interregionalen
Wanderungen geordnet nach der Höhe der Arbeitsmarktreserve-
koeffizienten

Lfd. Nr.	Nr.	Prognoseraum	Arbeitskräfte- reservekoeffizient 1)
1	165	HELMSTEDT	0.396164
2	164	HERZOGT.LAUENBURG	0.310381
3	80	EUSKIRCHEN-SCHLEIDEN	0.306687
4	45	RECKLINGHAUSEN	0.263062
5	43	MOERS	0.259724
6	174	LOHR AM MAIN	0.259244
7	171	LUED.,LUENEN U.UNNA	0.245605
8	172	WITTGENSTEIN	0.218940
9	166	TECKLENBURG	0.218601
10	37	COESFELD	0.208426
11	73	ALSFELD-ZIEGENHEIM	0.208244
12	86	GELNHAUSEN-SCHLUECH.	0.206397
13	175	AICHACH U.SCHROBENH.	0.197849
14	173	OSTHOLSTEIN	0.189407
15	78	WESTERWALD	0.177171
16	41	KLEVE-EMMERICH	0.174759
17	82	COCHEM-ZELL	0.166250
18	110	NEUMARKT I.D.OPF.	0.161354
19	84	LIMBURG	0.159075
20	103	KAISERSLAUTERN	0.158209
21	57	BRILON	0.156786
22	112	SCHWANDORF I.BAY.	0.156141
23	33	DETMOLD-LEMGO	0.155479
24	52	HOLZMINDEN-HOEXTER	0.154338
25	115	ROTHENBURG O.D.T.	0.150861
26	3	HEIDE-MELDORF	0.150202
27	2	NORDFRIESLAND	0.149851
28	167	GRAF.SCH.U.SCH.LIPPE	0.147198

1) Der Arbeitskräftereservekoeffizient wurde mit nichtgerundeten Werten
der Arbeitsplatznachfrage berechnet

29	38	AHAUS	0.146801
30	101	BITBURG-PRUEM	0.144360
31	87	BAD NEUSTADT	0.141260
32	111	WEIDEN I.D.OPF.	0.139848
33	22	CELLE	0.138269
34	65	AACHEN	0.133016
35	168	STEINFURT	0.130215
36	51	PADERBORN	0.125398
37	162	WALDSHUT	0.124884
38	177	WASSERBURG AM INN	0.121825
39	100	TRIER	0.120971
40	93	BAMBERG	0.119654
41	49	SOEST	0.119224
42	58	MESCHEDE	0.118668
43	170	GELSENKIRCHEN	0.114323
44	133	CHAM	0.113103
45	9	STADE-BREMERVOERDE	0.112886
46	64	MOENCHENGLADBACH-RH	0.112415
47	178	BAD TOELZ U.MIESBACH	0.109657
48	24	VECHTA-DIEPHOLZ	0.109404
49	48	HAMM-BECKUM	0.109283
50	6	ITZEHOE	0.107782
51	67	DUEREN	0.106010
52	113	AMBERG	0.105343
53	16	EMDEN-LEER	0.103740
54	147	SIGMARINGEN	0.103645
55	119	LANDAU I.D.PFALZ	0.102819
56	25	MEPPEN	0.101789
57	114	ANSBACH	0.100895
58	75	ESCHWEGE	0.100669
59	150	LANDSBERG A.LECH	0.100383
60	137	LANDSHUT	0.099647
61	107	WUERZBURG	0.094635

62	135	PASSAU	0.092718
63	15	WILHELMSHAVEN	0.091029
64	18	SOLTAU	0.088431
65	53	HARZ	0.086311
66	13	UNTERWESER	0.084969
67	11	LUENEBURG	0.084647
68	90	MARKTREDWITZ-WUNS	0.081075
69	102	SAARBRUECKEN	0.080967
70	26	LINGEN-NORDH.-RHEINE	0.080487
71	130	WEISSENBURG I.BAY.	0.079842
72	91	KULMBACH	0.077925
73	7	CUXHAVEN	0.076310
74	134	DEGGENDORF	0.076256
75	70	SIEGEN-HUETTENTAL	0.074647
76	121	PIRMASENS	0.073071
77	59	ARNSBERG	0.072172
78	8	BREMERHAVEN	0.064370
79	4	KIEL-NEUMUENSTER	0.064217
80	19	UELZEN	0.064137
81	105	BUCHEN I.ODENWALD	0.061110
82	129	NOERDLINGEN	0.059945
83	42	KREFELD	0.059789
84	39	BOCHOLT	0.058227
85	88	COBURG	0.058108
86	31	HILDESHEIM	0.057550
87	60	ISERLOHN	0.056622
88	28	MINDEN-LUEBBECKE	0.049484
89	136	STRAUBING	0.047565
90	163	HOCHRHEIN	0.047175
91	20	LUECHOW-DANNENBERG	0.046595
92	76	FULDA	0.044756
93	1	FLENSBURG	0.043295
94	69	GUMMERSBACH	0.043089

95	169	DUISBURG U MUELHEIM	0.040987
96	132	REGENSBURG	0.040586
97	138	DONAUWOERTH	0.038907
98	74	BAD HERSFELD-ROTENB	0.035619
99	127	AALEN	0.034121
100	44	ESSEN	0.030586
101	23	NIENBURG	0.030312
102	144	MITTELBADEN	0.027857
103	142	BALINGEN	0.026580
104	14	OLDENBURG	0.026315
105	108	ERLANGEN-FORCHHEIM	0.025920
106	176	DONAUESCH.U.H.SCH.WD	0.025243
107	155	GARM.-PART.-SCHON-WH	0.024611
108	156	KAUFBEUREN	0.022172
109	61	LUEDENSCHEID	0.021956
110	72	MARBURG	0.021600
111	30	BRAUNSCHWEIG-SALZG.	0.021254
112	128	HEIDENHEIM-DILLING.	0.019525
113	98	BAD KREUZNACH	0.018055
114	40	WESEL	0.016435
115	81	DAUN	0.014282
116	154	ROSENHEIM	0.012362
117	148	BIBERACH	0.011983
118	106	TAUBERKREIS	0.003803
119	99	IDAR-OBERSTEIN	0.000822
120	56	KORBACH	0.000081
121	92	BAYREUTH	-0.000149
122	153	TRAUNST.-BAD REICH.	-0.000520
123	47	DORTMUND	-0.001446
124	34	BIELEFELD	-0.004366
125	120	ZWEIBRUECKEN	-0.005306
126	95	ASCHAFFENBURG	-0.005873
127	79	BONNN	-0.006682

128	116	SCHWAEB.-HALL-CRAILS	-0.008784
129	17	FALLINGBOSTEL	-0.012429
130	125	GOEPPINGEN	-0.012436
131	152	MUEHLDORF-ALTOETTING	-0.012809
132	118	KARLSRUHE-BADEN-BAD.	-0.018972
133	54	GOETTINGEN	-0.021971
134	158	LINDAU	-0.024916
135	145	FREIBURG	-0.026503
136	50	LIPPSTADT	-0.037084
137	83	KOBLENZ	-0.038061
138	89	HOF	-0.038151
139	159	WANGEN	-0.039782
140	62	WUPPERTAL-HAGEN	-0.039928
141	131	INGOLSTADT	-0.041170
142	104	LUDWIGSHAF-MANNH-HD.	-0.042734
143	55	KASSEL	-0.044201
144	126	SCHWAEBISCH-GMUEND	-0.045344
145	146	SCHWARZWALD-BAAR-HEU	-0.047581
146	149	MEMMINGEN	-0.049247
147	35	RHEDA-WIEBR.-GUET.	-0.053012
148	141	TUEBINGEN-REUTLINGEN	-0.053132
149	123	SINDELF.-BOEBL.-C.-H	-0.053541
150	66	JUELICH	-0.053683
151	96	DARMSTADT	-0.055298
152	143	FREUDENSTADT	-0.070505
153	77	GIESSEN-WETZLAR	-0.071008
154	27	OSNABRUECK	-0.072377
155	10	HAMBURG	-0.076034
156	46	BOCHUM	-0.076208
157	36	MUENSTER	-0.083711
158	12	BREMEN	-0.084051
159	140	ULM	-0.085438
160	5	LUEBECK	-0.085827

161	139	AUGSBURG	-0.086080
162	161	KONSTANZ	-0.087777
163	151	MUENCHEN	-0.102664
164	160	BODENSEEE	-0.102990
165	117	HEILBRONN	-0.103469
166	97	WIESBADEN-MAINZ	-0.111108
167	157	KEMPTEN/ALLGAEU	-0.121005
168	124	STUTTGART	-0.123980
169	71	DILLENBURG	-0.127394
170	122	PFORZHEIM	-0.130623
171	68	KOELN-LEVERKUSEN	-0.134055
172	94	SCHWEINFURT	-0.136034
173	63	DUESSELDORF-NEUSS-SO	-0.141586
174	109	NUERNBERG-FUERTH	-0.146349
175	32	HAMELN	-0.163544
176	29	HANNOVER	-0.180028
177	85	FRANKFURT	-0.239051
178	21	WOLFSBURG	-0.301051

IV. Zum Ergebnis der Gebietsauswahl gemäß den Beschlüssen des
Planungsausschusses der Gemeinschaftsaufgabe "Verbesserung
der regionalen Wirtschaftsstruktur" vom 21. August 1974

Aus den 178 modifizierten Arbeitsmarktregionen wurden die neuen
Fördergebiete nach den Kriterien Arbeitskräftereservequotient,
Pro-Kopf-Einkommen und physische Ausstattung mit Infrastruktur
ausgewählt.

Als Berechnungsgröße für das Einkommenskriterium standen die Lohn-
und Gehaltssummen je Arbeitnehmer 1969 und das Bruttoinlands-
produkt je Kopf der Wirtschaftsbevölkerung und je Beschäftigten
zur Verfügung. Für jede Region wurde der im Vergleich zu den
anderen Regionen ungünstigste Wert verwendet.

In das Abgrenzungskriterium "physische Ausstattung der Region
mit Infrastruktur" gingen folgende Infrastrukturbereiche ein:
Länge des Straßen-, des Eisenbahn- und des Elektrizitätsnetzes,
Gasversorgungspotential, Schul- und Studienplätze, Betten in
Akutkrankenhäusern sowie Zahl der Wohnungen mit Bad, WC und
Sammelheizung. Diese Bereiche wurden in bezug auf die Fläche
und die Bevölkerung gewichtet und daraus der regionale Aus-
stattungsgrad im Verhältnis zur bundesdurchschnittlichen Ausstattung ermittelt.

Die 178 Arbeitsmarktregionen erhielten für jedes der drei
Kriterien entsprechend ihrer Position eine Meßziffer (Meßziffer
178 = schlechtester Wert, Meßziffer 1 = bester Wert).

Die Meßziffern wurden dann nach einer in Abstimmung zwischen
Bund und Ländern festgelegten Gewichtung der Kriterien von
1 (Arbeitskräftereservequotient) : 1 (Einkommen) : o,5 (Infrastruktur) addiert und so eine ordinale Rangskala der Regionen
ermittelt. Der Schwellenwert für die Anerkennung als Förder-

gebiet wurde dann so festgelegt, daß, wie bisher auch, ca. 34 %
der Gesamtbevölkerung in den Fördergebieten leben.[1]

Die folgende Abbildung zeigt die neue Fördergebietslandschaft.
Insgesamt 38 bisher nicht geförderte Stadt- und Landkreise
wurden neu in die Förderung aufgenommen, 37 bisher geförderte
fielen aus der Förderung heraus.[2]

Es muß als ein wesentlicher Fortschritt der Neuabgrenzung angesehen werden, daß künftig mit den drei Kriterien gesamtwirtschaftlich überprüfbare regionale Arbeitsmarkt- und Einkommens-
ziele quantifiziert werden können, die es erlauben, den Erfolg
und Mißerfolg der regionalpolitischen Bemühungen zu messen.
Auf dieser Basis wird es dann möglich sein, in bestimmten Ab-
ständen die Fördergebietskulisse den jeweiligen gesamtwirtschaftlichen und regionalen Notwendigkeiten anzupassen.

---

1) Das Zonenrandgebiet und das Saarland wurden vorab als Fördergebiete festgelegt
2) Vgl. DIW-Wochenbericht 42/1974, S. 369

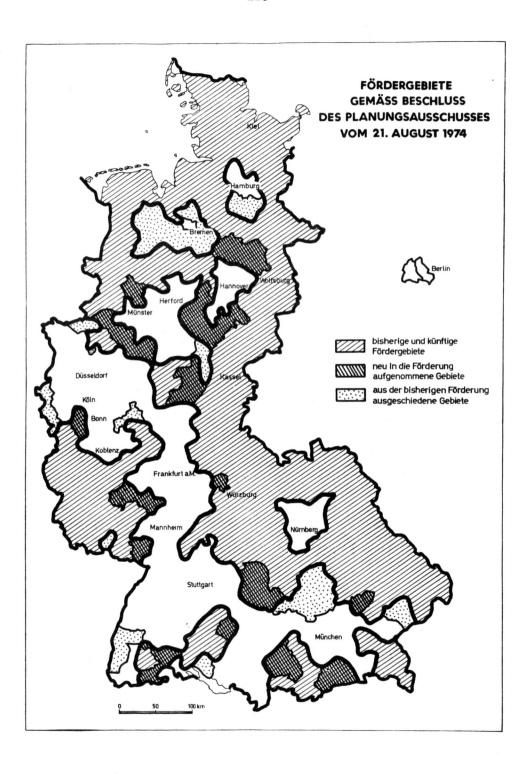

FÖRDERGEBIETE
GEMÄSS BESCHLUSS
DES PLANUNGSAUSSCHUSSES
VOM 21. AUGUST 1974

Kiel

Hamburg

Bremen

Berlin

Wolfsburg

Hannover

Herford

Münster

bisherige und künftige
Fördergebiete

neu in die Förderung
aufgenommene Gebiete

aus der bisherigen Förderung
ausgeschiedene Gebiete

Düsseldorf

Kassel

Köln

Bonn

Koblenz

Frankfurt a.M.

Würzburg

Nürnberg

Mannheim

Stuttgart

München

0   50   100 km

Verzeichnis der Abkürzungen

a   Jahresindex

A   erwerbstätige Ausländer

B   Bevölkerung, erwerbsfähige Bevölkerung

d   Altersgruppe 5 Jahre

e   Erwerbsquoten

E   Erwerbstätige bzw. Erwerbspersonen

$\hat{E}$ Erwartungswert für E

f   bundesdurchschnittliche Erwerbsquote

F   Erwerbspersonenschätzung nach Bundeserwerbsquoten

g   Geschlecht

i   Branchenindex

j   Altersjahre

k   Kreis

KF   Korrekturfaktor der regionalen Ausländerverteilung

h   Sterbewahrscheinlichkeit

m   männlich

n   Zahl der Kreise

P   Arbeitskräftepotential

q   Bundesanteil ausländischer Erwerbstätiger an den Gesamterwerbstätigen

r   Arbeitsmarktregion

t   Trendfaktor der Erwerbsquotenentwicklung

w   weiblich

T a b e l l e n v e r z e i c h n i s   Seite

L i t e r a t u r v e r z e i c h n i s

Biehl, D.   Infrastruktur, räumliche Verdichtung
Hußmann, E.   und sektorale Wirtschaftsstruktur als
Rautenberg, K.   Bestimmungsgründe des regionalen Ent-
Schnyder, S.   wicklungspotentials in den Arbeits-
Südmeyer, V.   marktregionen (AMR) der Bundesrepublik
                          Deutschland, Kiel 1974, unveröffent-
                          lichtes Gutachten

Biehl, D.   Schätzung des Arbeitskräftepotentials
Schnyder, S.   für Schleswig-Holstein und die Bundes-
Vögele, H.   republik Deutschland, Kiel 1971
                          (hekt. Manuskript)

Birg, H.   Arbeitsplatzentwicklung und Lohnniveau
                          in Arbeitsmarktregionen der Bundes-
                          republik Deutschland, Berlin 1973,
                          unveröffentlichtes Gutachten

Birg, H.   Die Entwicklung des Angebots an Arbeits-
                          plätzen in modifizierten Arbeitsmarkt-
                          regionen der Bundesrepublik Deutschland,
                          Berlin 1974, unveröffentlichtes Gut-
                          achten

Birg, H.   Die Entwicklung des Angebots von Arbeits-
                          plätzen in den Regionen der Bundesre-
                          publik Deutschland bis zum Jahre 1977,
                          Berlin 1972, unveröffentlichtes Gut-
                          achten

Bundesminister   Weißbuch 1971/1972. Zur Sicherheit
der Verteidigung (Hrsg.)   der Bundesrepublik Deutschland und zur
                          Entwicklung der Bundeswehr, o.O.u.J.

Deutsches Institut   DIW-Wochenbericht 42/1974, S. 365 - 370
für Wirtschaftsforschung

Eckey, H.F.   Abgrenzung interner Verflechtungsbe-
Klemmer, P.   reiche in großen regionalen Arbeits-
Kraemer, D.   märkten, Bochum 1974, unveröffentlichtes
unter Mitarbeit von   Gutachten
N. Schwarz

Gerfin, H.
Kirner, W.
Wulf, J.

Entwürfe für disaggregierte Modelle
zur Arbeitsmarktprognose für die BRD,
Berlin 1972

Held, R.
Körschges, D.
Müller, J.H.
Oleg, W.
Poschadadil, B.

Überprüfung der Eignung des Arbeitsplatzes als Zielgröße regionaler Strukturpolitik einschließlich des Problems
der Erfassung der Qualität des Arbeitsplatzes, Freiburg i.Br. 1974, unveröffentlichtes Gutachten

Herberger, L.
Wermter, W.

Vorausschätzung der Erwerbspersonen
bis 1985, in: Wirtschaft und Statistik,
Jg. 197o, Heft 9, S. 459 - 463

Institut für
Raumordnung

Raumordnung als Grundlage der Bundesfernstraßenplanung, Mitteilungen aus
dem Institut für Raumordnung, Heft 67,
Bad Godesberg 197o

Jöhrens, E.

Analyse regionaler Lohn- und Gehalts-
unterschiede in der Bundesrepublik
Deutschland, in: DIW, Vierteljahres-
hefte zur Wirtschaftsforschung, Heft 4,
1973, S. 256 - 269

Klemmer, P.

Abgrenzung regionaler Arbeitsmärkte
in der Bundesrepublik Deutschland für
die Zwecke der Gemeinschaftsaufgabe
"Verbesserung der regionalen Wirtschaftsstruktur", Bochum 1972, unveröffentlichtes Gutachten

Klemmer, P.
Knop, B.
Kraemer, D.

Abgrenzung regionaler Arbeitsmärkte
in der Bundesrepublik Deutschland für
die Zwecke der Gemeinschaftsaufgabe
"Verbesserung der regionalen Wirtschaftsstruktur", Bochum 1973, unveröffentlichtes Gutachten

Langkau, J.
Vesper, J.

Die Ermittlung von Fördergebieten auf
der Grundlage von Prognosen regionaler
Arbeitsmarktbilanzen für das Jahr 1977,
Bonn-Bad Godesberg 1974, unveröffentlichtes Gutachten

Müller, G.   Die Abgrenzung von Verdichtungsräumen
                              nach dem Bundesraumordnungsgesetz,
                              in: Informationen des Instituts für
                              Raumordnung, 19. Jg. (1969) 1, S. 1 - 1o

Statistisches Bundesamt   Ausgewählte Strukturdaten für Bund
                              und Länder, Fachserie A, Volkszählung
                              vom 27. Mai 197o, Heft 1, Stuttgart,
                              Mainz 1972

Statistisches Bundesamt   Entwicklung der Wohnbevölkerung, der
                              Erwerbsquoten und der Erwerbspersonen
                              1969 bis 1985, in: Wirtschaft und
                              Statistik, Jg. 197o, Heft 9, S. 528[*] - 529[*]

Statistisches Bundesamt   Erwerbsbeteiligung der Ausländer im
                              Vergleich zur deutschen Erwerbsbe-
                              völkerung, in: Wirtschaft und Statistik,
                              Jg. 1973, Heft 11, S. 641 - 647

Thelen, P.   Abgrenzung von Regionen als Grundlage
                              für eine raumbezogene Politik, in:
                              Jahrbuch für Sozialwissenschaft, Bd. 23,
                              Heft 2, S. 227 - 249

Thelen, P.   Die Ermittlung von Fördergebieten auf
                              der Grundlage von Prognosen regionaler
                              Arbeitsmarktbilanzen für das Jahr 1977,
                              Bonn-Bad Godesberg 1972 und 1973, un-
                              veröffentlichtes Gutachten

Thoss, R.   Ein Vorschlag zur Koordinierung der
                              Regionalpolitik in einer wachsenden
                              Wirtschaft, in: Jahrbücher für National-
                              ökonomie und Statistik, Bd. 182, 1968/69,
                              S. 49o - 529

Thoss, R.   Zwischenbericht einer Untersuchung über
Börgel, M.   die Eignung des regionalen Einkommens-
                              niveaus als Zielgröße der regionalen
                              Wirtschaftspolitik, Münster 1973, un-
                              veröffentlichtes Gutachten

Thoss, R.
Struman, M.
Bölting, H.

Ein Vergleich des regionalen Bruttoinlandsprodukts je Kopf der Wirtschaftsbevölkerung, des Bruttoinlandsprodukts
je Beschäftigten und der Lohn- und
Gehaltssumme je Arbeitnehmer im Hinblick
auf ihre Eignung als Zielindikator der
regionalen Wirtschaftspolitik, Münster
1974, unveröffentlichtes Gutachten

A n h a n g

Liste der Prognoseräume

I. Klemmer-III-pur

Liste der Prognoseräume auf Kreisbasis (Klemmer-III-Approximationen)
und der in ihnen jeweils enthaltenen kreisfreien Städte (= KS) bzw.
Landkreise (= LK). Die Angaben beziehen sich auf die Kreisgrenzen
zum Zeitpunkt der Volks- und Berufszählung am 27.5.1970.

Prognoseraum		Kreise
Nr.	Name	
1	Flensburg	KS Flensburg LK Flensburg
2	Nordfriesland	LK Nordfriesland
3	Schleswig	LK Schleswig
4	Heide-Meldorf	LK Dithmarschen
5	Kiel-Neumünster	KS Kiel KS Neumünster LK Rendsburg-Eckernförde LK Plön
6	Lübeck	KS Lübeck LK Ostholstein
7	Itzehoe	LK Steinburg
8	Cuxhaven	KS Cuxhaven LK Land Hadeln

Prognoseraum		Kreise
Nr.	Name	
9	Bremerhaven	KS Bremerhaven LK Wesermünde
lo	Stade-Bremervörde	LK Stade LK Bremervörde
11	Hamburg	Stadtstaat Hamburg LK Pinneberg LK Segeberg LK Harburg LK Herzogtum Lauenburg LK Stormarn
12	Lüneburg	KS Lüneburg LK Lüneburg
13	Bremen	Stadt Bremen KS Delmenhorst LK Osterholz LK Rotenburg (Wümme) LK Verden LK Grafschaft Hoya
14	Unterweser	LK Wesermarsch
15	Oldenburg	KS Oldenburg (Oldenburg) LK Oldenburg LK Ammerland LK Cloppenburg
16	Wilhelmshaven	KS Wilhelmshaven LK Wittmund LK Friesland

Prognoseraum		Kreise
Nr.	Name	
17	Emden-Leer	KS Emden LK Norden LK Aurich LK Leer LK Aschendorf-Hümmling
18	Fallingbostel	LK Fallingbostel
19	Soltau	LK Soltau
2o	Uelzen	LK Uelzen
21	Lüchow-Dannenberg	LK Lüchow-Dannenberg
22	Wolfsburg	KS Wolfsburg LK Gifhorn LK Helmstedt
23	Celle	KS Celle LK Celle
24	Nienburg	LK Nienburg (Weser)
25	Vechta-Diepholz	LK Vechta LK Grafschaft Diepholz
26	Meppen	LK Meppen
27	Lingen-Nordhorn-Rheine	LK Lingen LK Grafschaft Bentheim
28	Osnabrück	KS Osnabrück LK Osnabrück LK Melle LK Wittlage LK Bersenbrück LK Tecklenburg

Prognoseraum		Kreise
Nr.	Name	
29	Minden-Lübbecke	LK Minden
		LK Lübbecke
3o	Hannover	KS Hannover
		LK Neustadt a. Rübenberge
		LK Schaumburg-Lippe
		LK Grafschaft Schaumburg
		LK Springe
		LK Hannover
		LK Burgdorf
31	Braunschweig-Salzgitter	KS Braunschweig
		KS Salzgitter
		LK Braunschweig
		LK Wolfenbüttel
		LK Peine
32	Hildesheim	KS Hildesheim
		LK Hildesheim-Marienburg
		LK Alfeld (Leine)
33	Hameln	KS Hameln
		LK Hameln-Pyrmont
34	Detmold-Lemgo	LK Detmold
		LK Lemgo
35	Bielefeld	KS Bielefeld
		LK Bielefeld
		LK Halle
		LK Herford

Prognoseraum		Kreise
Nr.	Name	
36	Rheda-Wiedenbrück-Gütersloh	LK Wiedenbrück
37	Münster	KS Münster LK Münster LK Warendorf LK Steinfurt
38	Coesfeld	LK Coesfeld
39	Ahaus	LK Ahaus
4o	Bocholt	KS Bocholt LK Borken
41	Wesel	LK Rees
42	Kleve-Emmerich	LK Kleve
43	Krefeld	KS Krefeld LK Kempen-Krefeld LK Geldern
44	Duisburg	KS Duisburg KS Mülheim R. KS Oberhausen LK Dinslaken LK Moers
45	Essen	KS Essen KS Gelsenkirchen KS Gladbeck KS Bottrop

Prognoseraum		Kreise
Nr.	Name	
46	Recklinghausen	KS Recklinghausen LK Recklinghausen
47	Bochum	KS Bochum KS Wattenscheid KS Herne KS Wanne-Eickel KS Witten
48	Dortmund	KS Dortmund KS Castrop-Rauxel KS Lünen LK Lüdinghausen LK Unna
49	Hamm-Beckum	KS Hamm LK Beckum
5o	Soest	LK Soest
51	Lippstadt	LK Lippstadt
52	Paderborn	LK Paderborn LK Büren
53	Holzminden-Höxter	LK Holzminden LK Höxter
54	Harz	KS Goslar LK Goslar LK Gandersheim LK Blankenburg LK Zellerfeld LK Osterode

Prognoseraum		Kreise
Nr.	Name	
55	Göttingen	LK Göttingen LK Duderstadt LK Einbeck LK Northeim
56	Kassel	KS Kassel LK Warburg LK Hofgeismar LK Münden LK Wolfhagen LK Kassel LK Witzenhausen LK Melsungen LK Fritzlar-Homberg
57	Korbach	LK Waldeck LK Frankenberg
58	Brilon	LK Brilon
59	Meschede	LK Meschede
60	Arnsberg	LK Arnsberg
61	Iserlohn	KS Iserlohn LK Iserlohn
62	Lüdenscheid	LK Lüdenscheid
63	Wuppertal-Hagen	KS Wuppertal KS Remscheid KS Hagen LK Ennepe-Ruhr

Prognoseraum		Kreise
Nr.	Name	
64	Düsseldorf-Neuß-Solingen	KS Düsseldorf KS Neuß KS Solingen LK Düsseldorf-Mettmann LK Grevenbroich LK Rhein-Wupper
65	Mönchengladbach-Rheydt	KS Mönchengladbach KS Rheydt LK Erkelenz
66	Aachen	KS Aachen LK Aachen LK Monschau LK Selfkantkreis Geilenkirchen-Heinsberg
67	Jülich	LK Jülich
68	Düren	LK Düren
69	Köln-Leverkusen	KS Köln KS Leverkusen LK Köln LK Rheinisch-Bergischer Kreis LK Bergheim (Erft)
7o	Gummersbach	LK Oberbergischer Kreis
71	Siegen-Hüttental	LK Siegen LK Wittgenstein LK Olpe LK Altenkirchen
72	Dillenburg	LK Dillkreis

Prognoseraum		Kreise
Nr.	Name	
73	Marburg	KS Marburg LK Marburg LK Biedenkopf
74	Alsfeld-Ziegenhain	LK Alsfeld LK Ziegenhain
75	Bad Hersfeld-Rotenburg	LK Hersfeld LK Rotenburg
76	Eschwege	LK Eschwege
77	Fulda	KS Fulda LK Lauterbach LK Fulda LK Hünfeld LK Bad Brückenau
78	Gießen-Wetzlar	KS Gießen LK Gießen LK Wetzlar LK Oberlahnkreis
79	Westerwald	LK Oberwesterwald
80	Bonn	KS Bonn LK Ahrweiler LK Rhein-Sieg
81	Euskirchen-Schleiden	LK Euskirchen LK Schleiden
82	Daun	LK Daun
83	Cochem-Zell	LK Cochem-Zell

Prognoseraum		Kreise
Nr.	Name	
84	Koblenz	KS Koblenz
		LK Neuwied
		LK Mayen-Koblenz
		LK Rhein-Hunsrück
		LK Unterwesterwald
		LK Rhein-Lahn
85	Limburg	LK Limburg
86	Frankfurt	KS Frankfurt
		KS Offenbach
		KS Hanau
		LK Offenbach
		LK Friedberg
		LK Usingen
		LK Obertaunuskreis
		LK Main-Taunus
		LK Groß-Gerau
		LK Hanau
		LK Büdingen
		LK Alzenau i. UFr.
87	Gelnhausen-Schlüchtern	LK Gelnhausen
		LK Schlüchtern
88	Bad Neustadt	LK Bad Neustadt a.d. Saale
		LK Mellrichstadt
		LK Königshofen i. Grabfeld
89	Coburg	KS Coburg
		KS Neustadt b. Cobg.
		LK Coburg
		LK Staffelstein
		LK Lichtenfels
		LK Kronach

Prognoseraum		Kreise
Nr.	Name	
9o	Hof	KS Hof LK Hof KS Selb LK Münchberg LK Naila LK Rehau
91	Marktredwitz- Wunsiedel	KS Marktredwitz LK Wunsiedel LK Tirschenreuth
92	Kulmbach	KS Kulmbach LK Kulmbach LK Stadtsteinach
93	Bayreuth	KS Bayreuth LK Bayreuth LK Pegnitz LK Kemnath
94	Bamberg	KS Bamberg LK Bamberg LK Ebern
95	Schweinfurt	KS Schweinfurt KS Bad Kissingen LK Schweinfurt LK Bad Kissingen LK Hammelburg LK Haßfurt LK Gerolzhofen LK Hofheim i. UFr.

Prognoseraum		Kreise
Nr.	Name	
96	Aschaffenburg	KS Aschaffenburg LK Aschaffenburg LK Obernburg a.M. LK Miltenberg LK Lohr a.M.
97	Darmstadt	KS Darmstadt LK Darmstadt LK Erbach LK Dieburg
98	Wiesbaden-Mainz	KS Wiesbaden KS Mainz LK Alzey-Worms LK Mainz-Bingen LK Rheingau LK Untertaunus
99	Bad Kreuznach	LK Bad Kreuznach
loo	Idar-Oberstein	LK Birkenfeld
lol	Trier	KS Trier LK Trier-Saarburg LK Bernkastel-Wittlich
lo2	Bitburg-Prüm	LK Bitburg-Prüm
lo3	Saabrücken	KS Saarbrücken LK Saarbrücken LK St. Ingbert LK Homburg LK Ottweiler LK St. Wendel LK Saarlouis LK Merzig-Wadern

Prognoseraum		Kreise
Nr.	Name	
1o4	Kaiserslautern	KS Kaiserslautern
		LK Kaiserslautern
		LK Donnersbergkreis
		LK Kusel
1o5	Ludwigshafen-Mannheim-Heidelberg (Rhein-Neckar)	KS Ludwigshafen
		KS Mannheim
		KS Heidelberg
		KS Speyer
		KS Frankenthal (Pfalz)
		KS Worms
		KS Neustadt a.d.W.
		LK Bad Dürkheim
		LK Mannheim
		LK Heidelberg
		LK Bergstraße
		LK Sinsheim
		LK Ludwigshafen
1o6	Buchen i. Odenwald	LK Buchen
1o7	Tauberkreis	LK Tauberbischofsheim
		LK Mergentheim
1o8	Würzburg	KS Würzburg
		KS Kitzingen
		LK Würzburg
		LK Kitzingen
		LK Marktheidenfeld
		LK Ochsenfurt
		LK Karlstadt
		LK Gemünden a. Main

Prognoseraum		Kreise
Nr.	**Name**	
lo9	Erlangen-Forchheim	KS Erlangen KS Forchheim LK Erlangen LK Forchheim LK Höchstadt a.d. Aisch LK Ebermannstadt
llo	Nürnberg-Fürth	KS Nürnberg KS Fürth KS Schwabach LK Nürnberg LK Neustadt a.d. Aisch LK Fürth LK Scheinfeld LK Schwabach LK Hilpoltstein LK Hersbruck LK Lauf a.d. Pegnitz
111	Neumarkt i.d.OPF.	KS Neumarkt i.d.OPF. LK Neumarkt i.d.OPF. LK Beilngries
112	Weiden i.d.OPF.	KS Weiden i.d.OPF. LK Eschenbach LK Vohenstrauß LK Neustadt a.d. Waldnaab LK Oberviechtach
113	Schwandorf i.Bay.	KS Schwandorf i.Bay. LK Nabburg LK Neunburg vorm Wald LK Burglengenfeld

Prognoseraum		Kreise
Nr.	Name	
114	Amberg	KS Amberg LK Amberg LK Sulzbach-Rosenberg
115	Ansbach	KS Ansbach LK Feuchtwangen LK Dinkelsbühl LK Ansbach LK Gunzenhausen
116	Rothenburg o.d.T.	KS Rothenburg o.d.Tauber LK Rothenburg LK Uffenheim
117	Schwäbisch-Hall- Crailsheim	LK Schwäbisch-Hall LK Crailsheim
118	Heilbronn	KS Heilbronn LK Heilbronn LK Öhringen LK Künzelsau LK Mosbach
119	Karlsruhe-Baden-Baden	KS Karlsruhe KS Baden-Baden LK Karlsruhe LK Bruchsal LK Germersheim LK Rastatt LK Bühl
12o	Landau i.d.Pfalz	KS Landau i.d.Pf. LK Landau-Bad Bergzabern

| Prognoseraum | | Kreise |
Nr.	Name	
121	Zweibrücken	KS Zweibrücken
		LK Zweibrücken
122	Pirmasens	KS Pirmasens
		LK Pirmasens
123	Pforzheim	KS Pforzheim
		LK Pforzheim
124	Sindelfingen-Böblingen-Calw-Horb	LK Böblingen
		LK Calw
		LK Horb
125	Stuttgart	KS Stuttgart
		LK Nürtingen
		LK Esslingen
		LK Backnang
		LK Ludwigsburg
		LK Waiblingen
		LK Leonberg
		LK Vaihingen
126	Göppingen	LK Göppingen
127	Schwäbisch-Gmünd	LK Schwäbisch-Gmünd
128	Aalen	LK Aalen
129	Heidenheim-Dillingen	KS Dillingen a.d.Donau
		LK Dillingen
		LK Heidenheim
130	Nördlingen	KS Nördlingen
		LK Nördlingen

Prognoseraum		Kreise
Nr.	**Name**	
131	Weißenburg i.Bay.	KS Weißenburg i.Bay. LK Weißenburg
132	Ingolstadt	KS Ingolstadt KS Eichstätt KS Neuburg a.d.Donau LK Ingolstadt LK Eichstätt LK Neuburg LK Riedenburg
133	Regensburg	KS Regensburg LK Regensburg LK Kelheim LK Parsberg LK Roding
134	Cham	LK Cham LK Kötzing LK Waldmünchen
135	Deggendorf	KS Deggendorf LK Deggendorf LK Regen LK Viechtach LK Grafenau
136	Passau	KS Passau LK Passau LK Wolfstein LK Wegscheid LK Griesbach i.Rottal LK Vilshofen

Prognoseraum		Kreise
Nr.	Name	
137	Straubing	KS Straubing LK Straubing LK Bogen
138	Landshut	KS Landshut LK Landshut LK Vilsbiburg LK Dingolfing LK Landau a.d.Isar LK Rottenburg a.d.Laaber LK Mallersdorf
139	Donauwörth	LK Donauwörth
14o	Augsburg	KS Augsburg LK Augsburg LK Wertingen LK Schwabmünchen LK Friedberg LK Aichach LK Schrobenhausen
141	Ulm	KS Ulm KS Neu-Ulm KS Günzburg LK Ulm LK Neu-Ulm LK Günzburg LK Illertissen LK Krumbach (Schwaben) LK Ehingen
142	Tübingen-Reutlingen	LK Tübingen LK Reutlingen LK Münsingen

Prognoseraum		Kreise
Nr.	Name	
143	Balingen	LK Hechingen LK Balingen
144	Freudenstadt	LK Freudenstadt
145	Mittelbaden	LK Offenburg LK Kehl LK Wolfach LK Lahr
146	Freiburg	KS Freiburg LK Freiburg LK Emmendingen LK Müllheim LK Hochschwarzwald
147	Schwarzwald-Baar-Heuberg	LK Villingen LK Tuttlingen LK Rottweil LK Donaueschingen
148	Sigmaringen	LK Sigmaringen LK Saulgau LK Stockach
149	Biberach	LK Biberach
15o	Memmingen	KS Memmingen LK Memmingen LK Mindelheim
151	Landsberg a.Lech	KS Landsberg a.Lech LK Landsberg a.Lech

Prognoseraum		Kreise
Nr.	Name	
152	München	KS München
		KS Freising
		LK München
		LK Freising
		LK Mainburg
		LK Pfaffenhofen a.d.Ilm
		LK Dachau
		LK Fürstenfeldbruck
		LK Starnberg
		LK Wolfratshausen
		LK Bad Tölz
		LK Miesbach
		LK Ebersberg
		LK Wasserburg a.Inn
		LK Erding
153	Mühldorf-Altötting	LK Mühldorf a.Inn
		LK Pfarrkirchen
		LK Eggenfelden
154	Traunstein-Bad Reichenhall	KS Traunstein
		KS Bad Reichenhall
		LK Traunstein
		LK Laufen
		LK Berchtesgaden
155	Rosenheim	KS Rosenheim
		LK Rosenheim
		LK Bad Aibling
156	Garmisch-Partenkirchen-Schongau-Weilheim	LK Garmisch-Partenkirchen
		LK Schongau
		LK Weilheim i.OB.

Prognoseraum		Kreise
Nr.	Name	
157	Kaufbeuren	KS Kaufbeuren LK Kaufbeuren LK Marktoberdorf
158	Kempten/Allgäu	KS Kempten (Allgäu) LK Kempten LK Sonthofen LK Füssen
159	Lindau	KS Lindau LK Lindau
160	Wangen	LK Wangen
161	Bodensee	LK Tettnang LK Ravensburg
162	Konstanz	LK Konstanz LK Überlingen
163	Waldshut	LK Waldshut
164	Hochrhein	LK Lörrach LK Säckingen

II. Klemmer-III-mod

Liste der Prognoseräume, in der gegenüber der Liste Klemmer-III-
Prognoseräume pur auf Wunsch einiger Bundesländer die folgenden
Modifikationen vorgenommen wurden (Ergebnisse der Sitzungen des
Unterausschusses vom 29./3o. April 1974 in Bremerhaven und vom
29./3o. Mai 1974 in Bonn).

1. Bildung neuer Prognoseräume

LK Herzogtum Lauenburg   wird   Prognoseraum 164

LK Helmstedt   wird   Prognoseraum 165

LK Tecklenburg   wird   Prognoseraum 166

LK Grafschaft Schaumburg
LK Schaumburg-Lippe   werden   Prognoseraum 167

LK Steinfurt   wird   Prognoseraum 168

KS Duisburg
KS Mülheim   werden   Prognoseraum 169

KS Gelsenkirchen   wird   Prognoseraum 17o

LK Lüdinghausen
LK Lünen
LK Unna   werden   Prognoseraum 171

LK Wittgenstein   wird   Prognoseraum 172

LK Ostholstein   wird   Prognoseraum 173

LK Lohr am Main   wird   Prognoseraum 174

LK Aichach
LK Schrobenhausen   werden Prognoseraum 175

LK Donaueschingen
LK Hochschwarzwald   werden Prognoseraum 176

LK Wasserburg a.Inn   wird   Prognoseraum 177

LK Bad Tölz
LK Miesbach   werden Prognoseraum 178

2. Kreisumgruppierungen zwischen bestehenden Prognoseräumen

LK Rothenburg (Wümme)   kommt zu Prognoseraum 19 Soltau

LK Bersenbrück
LK Wittlage   kommen zu Prognoseraum 25 Vechta-Diepholz

LK Duderstadt   kommt zu Prognoseraum 54 Harz

KS Bottrop
KS Castrop-Rauxel
KS Gladbeck
KS Herne
KS Wanne-Eickel   kommen zu Prognoseraum 46 Recklinghausen

LK Fritzlar-Homberg   kommt zu Prognoseraum 74 Alsfeld-Ziegenhain

LK Rhein-Hunsrück-Kreis
LK Rhein-Lahn-Kreis   kommen zu Prognoseraum 83 Cochem-Zell

LK Oberlahnkreis   kommt zu Prognoseraum 85 Limburg

LK Büdingen	kommt zu Prognoseraum	87	Gelnhausen-Schlüchtern
LK Bad Brückenau			
KS Bad Kissingen			
LK Bad Kissingen			
LK Hammelburg	kommen zu Prognoseraum	88	Bad Neustadt
LK Ebermannstadt			
LK Haßfurth			
LK Hofheim i.UFr.	kommen zu Prognoseraum	94	Bamberg
LK Alzey-Worms	kommt zu Prognoseraum	lo4	Kaiserslautern
LK Moosbach			
LK Sinsheim	kommen zu Prognoseraum	lo6	Buchen i.Odenwald
LK Hilpoltstein	kommt zu Prognoseraum	111	Neumarkt i.d.OPF
LK Gerolshofen			
LK Neustadt a.d.Aisch			
LK Scheinfeld	kommen zu Prognoseraum	116	Rothenburg o.d.T.
LK Künzelsau			
LK Öhringen	kommen zu Prognoseraum	117	Schwäbisch-Hall-Crailsheim
LK Mainburg			
LK Riedenburg	kommen zu Prognoseraum	133	Regensburg
LK Ehingen			
LK Münsingen	kommen zu Prognoseraum	148	Sigmaringen
LK Füssen	kommt zu Prognoseraum	157	Kaufbeuren

3. Die Prognoseräume 1 Flensburg und 3 Schleswig wurden zu Prognoseraum 1 Flensburg zusammengefaßt. Alle nachfolgenden Prognoseräume
   rücken in den Klemmer-III-mod Arbeitsmarktbilanzen und Listen
   der Arbeitsmarktreservekoeffizienten (Tabellen 6 c, 6 d, 7 c und
   7 d) um eine Stelle auf